AF357095

# CATALOGUE

DE

# MONNAIES & MÉDAILLES

## GRECQUES, ROMAINES

### Françaises et Étrangères

COMPOSANT LE CABINET DE M. **MESTRE**, DE LYON

RÉDIGÉ PAR

# H. HOFFMANN

dont la vente aura lieu

## Les 19, 20 et 21 Novembre 1857

A UNE HEURE

## HOTEL DES COMMISSAIRES-PRISEURS

### Rue Drouot, n° 5

SALLE N° 3

---

Par le ministère de Mᵉ **DELBERGUE-CORMONT**, Cʳᵉ-Priseur,
rue de Provence, 8.

---

### EXPOSITION PUBLIQUE

Jeudi 19 Novembre 1857, de 10 heures à une heure.

### ENTRÉE RUE ROSSINI

---

LE CATALOGUE SE DISTRIBUE :

Chez M. **H. HOFFMANN**, rue Castiglione, 14.
**M. ROLLIN**, rue Vivienne, 12.

—

**1857**

# CONDITIONS DE LA VENTE.

---

Elle sera faite au comptant.

Les acquéreurs payeront cinq pour cent en sus des adjudications.

Chaque article contenant plusieurs médailles pourra être divisé.

---

**On commencera à une heure très-précise.**

Tout amateur désirant composer un médailler doit, non-
seulement avoir pour but de réunir des monuments historiques,
mais encore se bien pénétrer de l'idée que le goût dans le
choix de ces monuments en est la première condition.

Il faut que l'art, le type et la belle conservation soient des
plus recherchés.

**M. Mestre**, amateur distingué de Lyon, a mis tous ses soins à
recueillir les médailles décrites dans ce catalogue. Il n'a pas
hésité à échanger plusieurs fois la même pièce afin de l'obtenir
dans l'état le plus parfait.

Il ne s'est pas contenté d'acquérir, même à des prix très-
élevés, ce que cette ville antique rejette journellement de son
sein, mais encore, il a puisé chez tous les marchands de France
et d'Italie, et dans toutes les ventes importantes qui ont eu lieu
en tous pays.

Ainsi, nous dirons que ses belles grecques et sa magnifique
suite des rois de Syrie, proviennent en partie du cabinet de
M. Raoul Rochette; cabinet si universellement connu, que les
pièces qui en ont fait partie n'ont pas besoin d'éloges.

Nous ne désignerons aucune série en particulier, il y aurait
trop de raretés à signaler, trop de belles monnaies à recom-
mander. Pour faciliter le choix des amateurs qui ne peuvent
assister à la vente et juger par eux-mêmes, nous avons cru né-
cessaire d'indiquer par ces mots : *Très-beau* et *à fleur de coin*,
les pièces exceptionnelles, le reste étant néanmoins d'une conservation satisfaisante.

**H. H.**

# CATALOGUE

DE

# MÉDAILLES

---

## MÉDAILLES GRECQUES

### EUROPE

#### ESPAGNE.

1 **Emporiae**. EMΠOPITΩN. Pégase dont la tête est formée par une petite figure qui tient ses pieds joints. R̥. Tête de Cérès. AR. 4. *Très-belle.*

2 — Même pièce. Légende celtibérienne. AR. 4. *Très-belle.*

3 — CA.T.C.OCP. Tête casquée. R̥. EMPO. Pégase. Æ. 7.

4 **Ergavica**. Tête laurée d'Hercule à g. R̥. Taureau à face humaine; au-dessus, légende celtibérienne. (Cat. de la Torre, Pl. L. 3.) AR. *Très-belle.*

5 **Ségovie**. Tête à dr. M. etc. Croissant. R̥. Légende celtibérienne, cavalier armé d'une lance. AR. *Belle.*

6 — C. L. Tête nue à dr. R̥. SEGOVIA. Cavalier armé d'une lance. Æ. 6.

#### ITALIE.

##### CAMPANIE.

7 **Calès**. Tête de Pallas à dr. R̥. CALENO. Victoire dans un bige. AR. 5.

8 **Naples**. Tête à g. et à dr. R̥. NEOΠOΛITΩN. Taureau à face humaine couronné par la Victoire. AR. 5. 2 ps.

9 — Cinq pièces en bronze d'une patine de jaspe.

10 **Nola**. Tête de Pallas. ℞. ΝΩΛΛ. Taureau à face humaine à dr. AR. 4 1/2. *Belle*.

11 **Phistelia**. Tête de face. ℞. Phistlus écrit en vieux grec. Taureau à face humaine à g.; dessous un dauphin. AR. 5. *Très-belle*.

*Incertaines de la Campanie.*

12 — Tête laurée d'Apollon à g. ℞. ROMA. Cheval. AR. 5. — ROMA. Cheval. Æ. 3. 2 ps. *Belles*.

13 — Tête laurée. ℞. ROMA. Romulus et Rémus allaités par une louve. AR. 4. *Belle*.

### CALABRE.

14 **Tarente**. ΤΑΡΑΣ. Taras sur un dauphin. ℞. Cheval marin. (Carellii P.CV. 49.) AR. 5.

15 — ℞. Cavalier à dr. ΣΑ.—Cavalier à g. armé d'une lance et d'un bouclier. AR. 5. 2 ps. *Belles*.

16 — ℞. ΔΕΙΝΟΚΡΑΤΗΣ. Cavalier ΣΙ, etc. (Carellii P. CXI. 141.) AR. 5. *Belle*.

17 — Taras sur un dauphin. Σ. ℞. Une coquille. (Carel. P.CXVII. 286. Variété.) AR. 1.

18 — Vase, croissant, tête de cheval, coquille, dauphin surmonté d'une victoire, etc. (Carel. P.CXVII. VIII.) AR. 1 et 1 1/2. 12 ps. *Belles*.

### LUCANIE.

19 **Héraclée**. Tête de Pallas à dr. ℞. Hercule étouffant un lion; entre ses jambes une chouette. AR. 5. *Belle*.

20 — Même tête et même revers. AR. 2. 7 ps. *Belles*.

21 **Métaponte**. META. Épi en relief. ℞. Épi en creux. AR. 8.

22 — Tête de Pallas à dr. ΑΓ. ℞. META. Epi MI. AR. 4. *Belle*.

23 — Tête de Cérès à dr. ℞. META. Epi. AR. 4. 2 ps. *Variées*.

24 — Tête de Pallas à dr. ℞. Epi ΑΚ en monog.; une massue. (Carel. P.CLVI. 136. Variété.) AR. 3.

25 **Posidonia**. ΟΜ. Neptune debout. ℞. ΟΜ. Neptune en creux. AR. 9. Médaillon. *Très-beau*.

26 — HOME. Neptune debout. ℞. ΓΟΜΕ. Neptune en creux. (Jolie pièce provenant de la collection Raoul-Rochette.) AR. 5.

27 — HOME. Taureau à dr.; dessous, un dauphin. ℞. Neptune. (Col. R.-Rochette.) AR. 2.

28 **Thurium.** Tête de Pallas à dr. ℞. ΘΟΥΡΙΩΝ. ΣΙ. Taureau à dr.; dessous, un dauphin. AR. 7. Médaillon. *Très-beau.*

29 — Même tête et même revers. (Col. R.-Rochette.). AR. 5. 2 ps.

30 — ℞. ΘΟΥΡΙΩΝ. Taureau à dr. ΜΟΛΟΣΣΟS sur une base ; dessous, un dauphin. (Col. Raoul-Rochette. ) AR. 5.

31 — Tête de Pallas ayant une couronne de laurier sur son casque. ℞. ΘΟΥΡΙΩΝ. Taureau. (Col. Raoul-Rochette.) AR. 5.

32 **Vélia.** Tête de Pallas. ℞. YEΛΗΤΩΝ. Lion à g., symb. (Col. R.-Rochette.). AR. 5.

### BRUTTIUM.

33 — Tête de la Victoire ailée. ℞. BPETTIΩN. Bacchus de face. AR. 4. *Belle.*

34 — Tête de Junon voilée. ℞. BPETTIΩN. Neptune nu debout. AR. 4. *Belle.*

35 — Tête de Pallas; son casque orné d'un griffon. ℞. BPET-TIΩN. Aigle sur un foudre; dans le champ, gouvernail. AR. 3. *Très-belle.*

36 — Tête de Mars recouverte d'une peau de lion. ℞. BPET-TIΩN. Pallas saisissant ses armes. — Victoire couronnant un trophée. Æ. 7. 3 ps. *Belles.*

37 — Tête de Jupiter. ℞. BPETTIΩN. Pallas armée d'une lance et d'un bouclier. — ℞. Aigle, etc. Æ. 6, 2 ps. *Belles.*

38 **Caulonia.** KAVLO (en lettres étrusques). Figure nue debout; sur son bras gauche une petite figure marchant. ℞. Figure nue, et un cerf. AR. 9. Médaillon. *Beau.*

39 **Crotone.** QPO. Trépied. ℞. Trépied en creux. AR. 8. *Belle.*

40 — ... QPO. Trépied. ℞. Aigle. (Col. R.-Rochette.) AR. 4.

41 — QPO. Trépied. ℞. Aigle en creux. (Col. R.-Rochette.)
AR. 4.

42 — QPO. Trépied. ℞. Polype. AR. 2.

43 — Tête de Junon de face ayant un bandeau. ℞. ΚΡΟΤΩ-
ΝΙΑΤΑΣ. Hercule jeune assis sur les dépouilles d'un lion,
tenant dans la main dr. le cantharum, et dans la g. sa
massue. (Carel. LXXXIV. 31.) AR. 5. *Très-belle.*

44 — ΚΡΟΤΩΝΙΑΤΑΣ. Tête d'Apollon. ℞. Hercule jeune assis
étouffant de chaque main un serpent. (Carel. CLXXXIII.
19.) AR. 5.

45 **Valentia**. Tête d'Hercule. ℞. VALENTIA. Double massue.... Æ. 3. *Très-belle.*

46 **Rhegium**. RECINOZ. Jupiter assis à g.; le tout dans
une couronne. ℞. Tête de lion de face. (Mionnet P.
XXXIII. 59.) AR. 7. *Très-belle.*

47 — Têtes accolées d'Apollon et de Diane. ℞. ΡΗΓΙΝΩΝ.
Trépied. Æ. 6. *Belle.*

SICILE.

48 **Agrigente**. ΑΚRΑ. Aigle à g. ℞. Crabe. AR. 4.

49 — Aigle tenant un lièvre dans ses serres. ℞. Crabe, dauphin. AR. 3. *Belle.*

50 **Géla**. ΓΕΛΑΣ. Partie antérieure d'un taureau à face humaine. ℞. Cavalier. AR. 5. *Belle.*

51 **Leontini**. Tête laurée d'Apollon. ℞. LEONTINON. Tête
de lion au milieu de quatre grains d'orge. AR. 6. Médaillon.
*Beau.*

52 **Messine**. ΜΕΣ dans une couronne. ℞. Lièvre. AR. 2.
*Belle.*

53 **Syracuse**. Tête bandelée de Proserpine entourée de
quatre dauphins, etc. ℞. Figure dans un quadrige allant
à g.; la Victoire volant au-dessus et couronnant un casque
et une armure. AR. 10. Médaillon d'un beau style, re-
marquable par son relief et le complet de son revers.

54 — ΣΥΡΑΚΟΣΙΟΝ en lég. rétrograde. Tête de femme avec
un bandeau de perles. ℞. Figure dans un bige; au-dessus,
la Victoire. AR. 6. Petit médaillon (fabrique ancienne).
*Beau.*

55 — Tête de Proserpine bandelée, entourée de trois dauphins. ΦI. ℞. ΣΥΡΑΚΟΣΙΩΝ. AN en monog., figure conduisant un quadrige. AR. 7. Petit médaillon. *Beau.*

56 — Tête de Pallas à g. AΓ en monog. ℞. ΣΥΡΑΚΟΣΙΩΝ.
Diane chassant un lévrier. ΣΩ. ( Col. Raoul - Rochette. )
AR. 6.

57 — ΣΥΡΑΚΟΣΙΩΝ. Tête de Pallas ; sur son casque un I.
℞. Pégase. AR. 6. *Très-belle.*

58 — Tête de Pallas. ℞. Pégase à g. AR. 6.

59 — ΣΥΡΑ, etc. Tête de Pallas. ℞. Cheval marin. —
ΣΥΡΑ, etc. Tête de Cérès. ℞. Taureau à g. NI. Æ. 4 et 3.
3 ps. *Belles.*

60 **Tauroménium**. Tête d'Apollon à dr. ℞. ΤΑΥΡΟΜΕ-
ΝΙΤΑΝ. Trépied. AP. en monog. (Col. R.-Rochette.) AR.
3 1/2.

61 — ΤΑΥΡΟ, etc. Tête d'Apollon. ℞. ΑΓΟΛ., etc. Trépied.
Æ. 4. *Belle.*

ROIS DE SICILE.

62 **Hiéron I.** Tête de Hiéron diadémée. ℞. ΙΕΡΩΝΟΣ. Cavalier. Æ. 7. 2 ps.

63 **Denys II.** Palmier, lég. phénicienne. ℞. Partie antérieure d'un cheval couronnée par une Victoire. (Mionnet,
PL. XX. 4.) AR. Médaillon.

64 **Agathoclès**. ΚΟΡΑΣ. Tête de Cérès. ℞. ΑΓΑΘΟΛΕΙΟΣ.
Victoire érigeant un trophée. AR. 6. Médaillon. *Très-beau.*

65 — ΣΩΤΕΙΡΑ. Tête de Diane, carquois. ℞. ΑΓΑΘΟ, etc.
Foudre ailé. Æ. 5. *Belle.*

66 **Philistis, reine.** Tête diadémée et voilée à g. ℞. ΒΑ-
ΣΙΛΙΣΣΑ ΦΙΛΙΣΤΙΔΟΣ. Victoire conduisant un quadrige.
AR. 7. *Beau médaillon.*

MOESIE.

67 **Istrus.** Deux têtes viriles, accolées, posées en sens con-
traire. ℞. ΙΣΤΡΙΗ. Aigle ; dans ses serres, un dauphin.
AR. 5.

CHERSONÈSE DE THRACE.

68 **Chersonesus**. Partie antérieure d'un lion à g. ℞. Carré
creux, divisé en quatre parties, dans l'une, A surmonté
d'un globe, dans une autre, une croix. AR. 2. *Très-belle.*

69 **Thasus** (ile). Tête de Bacchus jeune, couronnée de lierre. ℞ HPAKΛEOY. ΣΩTHPOΣ. ΘAΣIΩN. Hercule debout, avec sa massue; dans le champ, un monogr. AR. 9. *Très-belle.*

70 — Satyre un genou en terre. ℞. ΘAΣIΩN. Vase. AR. 2. *Très-belle.*

### THRACE.

71 **Bysance**. YHY. En monog. Bœuf marchant sur un dauphin. ℞. Carré divisé en quatre aires. AR. 4. *Très-belle.*

72 **Lysimaque, roi.** Tête diadémée à dr., avec une corne de bélier. ME. en monog. ℞. BAΣIΛEΩΣ AYΣIMAXOY. Minerve assise. AR. 8.

73 — Tête recouverte d'une peau de lion. ℞. BAΣIΛEΛΣ. AYΣIMAXOY. Jupiter assis. AΙ. en monog. Partie antérieure d'un lion. AR. 4.

74 — Tête imberbe, casquée. ℞. AIΣYMAXOY, etc. Partie antérieure d'une panthère. Æ. 2 1/2. *Belle.*

### MACÉDOINE.

75 **Amphipolis**. AMΦI. Autour d'une torche. ℞. Tête imberbe, laurée. Æ. 2. *Très-belle.*

76 **Chalcis**. Tête laurée d'Apollon. ℞. XAΛKIΔEΩN. etc. AR. 3. *Très-belle.*

77 **Lété**. Vieux faune barbu, un genou en terre; dans ses bras, une femme, etc. ℞. Aire en creux. AR. 5. *Belle.*

78 — Même pièce, mais d'un plus beau style. AR. 3.

79 **Néapolis**. NE. ΓΟ. Tête de femme à dr. ℞. Masque de face, tirant la langue. AR. 3. 2 ps. *Belles.*

### ROIS DE MACÉDOINE.

80 **Philippe II**. Tête laurée, d'Apollon. ℞. ΦIΛIΠΠOY. Figure dans un bige. AV. 4. *Très-belle.*

81 Tête laurée de Jupiter. ℞. ΦIΛIΠΠOY. Cavalier à dr. (L. Muller, XXIV. 10, (Pella). AR. 6. *Très-belle.*

82 **Alexandre-le-Grand**. Tête de Pallas à dr. ℞. BAΣIΛEΩΣ. AΛEΞANΔPOY. Victoire à g. tenant une couronne et un trident. statère d'or. *Très-beau.*

83 — Tête à dr. recouverte d'une peau de lion. ℞. AΛEΞANΔPOY. Jupiter assis, monog. (L. Muller. PV. 229). AR. 8. *Belle.*

84 — ℞ ΒΑΣΙΛΕΩΣ. ΑΛΕΞΑΝΔΡΟΥ. (L. Muller. PV. 1598).
AR. 8. *Très-belle*.

85 — Même type et même légende (L. Muller XXII. 10.
(Pella). AR. 3. — ΒΑΣΙΛΕΩΣ. ΑΕΞΑΛΝΔΡΟΥ. Massue et
carquois. Æ. 3 ps.

86. — ΑΛΕΞΑΝΔΡΟΥ. Tête casquée à dr. ℞. ΚΟΙΝΟΝ.
ΜΑΚΕΔΟΝΩΝ. B. NE. Cavalier à dr. Æ. 7. *Belle*.

87 — ΑΛΕΞΑΝΔΡΟΥ, etc. Tête laurée d'Alexandre. ℞.
ΚΟΙΝΟΝ, etc. Figure debout tenant un cheval. Æ. 7.

88 **Philippe III**. Tête jeune imberbe. ℞. ΦΙΛΙΠΠΟΥ.
Cavalier à dr. AR. 3. *Belle*. — La même Æ. 4. 2 ps.

89 **Cassandre**. Tête recouverte d'une peau de lion. ℞.
ΒΑΣΙΛΕΩΣ. ΚΑΣΣΑΝΔΡΟΥ. Cavalier. — ℞. ΚΑΣΣΑ-
ΝΔΡΟΥ, etc. Lion accroupi. Æ. 4 et 3. 2 ps.

90 **Démétrius Ier**. Tête de Démétrius diadémée. ℞.
ΒΑΣΙΛΕΩΣ. ΔΗΜΗΤΡΙΟΥ. Neptune debout à g. le pied
posé sur un rocher, le bras dr. appuyé sur son genou et
la main g. sur son trident. AR. 9. *Très-beau médaillon*.

91 — ΒΑΣΙΛΕΩΣ. ΔΗΜΗΤΡΙΟΥ. Neptune debout tenant son
trident, le bras g. entortillé dans une draperie; dans le
champ, un trépied. (C. R. Rochette). AR. 7. Médaillon.

92 **Antigone-Gonatas**. Tête imberbe à g. avec deux
cornes au front; derrière le pedum. Le tout au milieu
d'un bouclier macédonien. ℞. ΒΑΣΙΛΕΩΣ. ΑΝΤΙΓΟΝΟΥ.
Pallas debout. AR. 9. *Beau médaillon*.

93. **Démétrius II**. Bouclier macédonien, au milieu un
monog. ℞. ΒΑΣΙ, etc. Casque à deux aigrettes. Æ. 3.
*Belle*.

94 **Persée**. Tête diadémée de Persée avec la barbe naissante.
℞. ΒΑΣΙΛΕΩΣ. ΠΕΡΣΕΩΣ. ΑΥ en monog. — Aigle sur
un foudre ΑΥ en monog., le tout dans une couronne de
chêne; dessous, charrue. AR. 9. *Beau médaillon*.

## THESSALIE.

95 **Larisse**. Homme debout domptant un taureau. ℞.
ΛΑΡΙΣΑΙΑ. Cheval à g. AR. 4. *Belle*.

96. — Tête de femme à g., les cheveux retroussés. ℞.
ΛΑΡΙΣΑΙΑ. Cheval à dr. (C. R. Rochette.) AR. 4.

ILLYRIE.

**97 Dyrrachium**. Vache à dr. allaitant un veau, etc. ℞. Les jardins d'Alcinoüs, etc. AR. 4. 2 ps.

**98** ΔI. Tête recouverte d'une peau de lion. ℞. Aigle, etc. — Tête jeune à g. ℞. Pégase Æ. 2 ps. *Belles.*

**99 Pharus** (île). Tête barbue laurée. ℞. Chèvre à g.; devant un serpent. Æ. 6.

ÉPIRE.

**100 Pyrrhus, roi**. Tête de Cérès à g. ℞. ΒΑΣΙΛΕΩΣ. ΓΥΡΡΟΥ. Pallas debout. AR. 5. *Belle.*

**101 Corcyre** (île). Tête de Bacchus laurée. ℞. Pégase; monogramme. AR. 4. *Belle.*

AETOLIE.

**102.** Tête d'Atalante à dr. couvert d'un pileus. ℞. ΑΙΤΩΝΑΩΝ. Sanglier; dessous un monog. AR. 3. *Belle.*

ARCANANIE.

**103 Leucas**. ΛΕΥ. Tête de Pallas à dr. ℞. ΛΕ. Pégase. AR. 5. *Belle.*

LOCRIDE.

**104 Locri-Opuntii**. Tête de Pallas à g. ℞. ΛΟΚΡΩΝ. Guerrier nu, avec un bouclier et une épée. AR. *Très-belle.*

BÉOTIE.

**105** ΚΑΛΛΙ. Vase à deux anses. ℞. Bouclier béotien. AR. 5. *Très-belle.*

**106 Délium** ΔΙ. Vase à deux anses. ℞. Bouclier béotien. AR. 4. *Belle.*

ATTIQUE.

**107 Athènes**. Tête de Pallas. ℞. ΑΘΕ. Chouette à dr. AR. 8. *Très-belle.* — AR. 1 et 3. 3 ps.

**108** — Tête de Pallas. ℞. ΑΘΕ. ΚΤΗΣΙ. ΜΕ. ΕΥΜΑ. Chouette sur un vase renversé; Victoire sur l'anse. AR. 9. *Très-beau médaillon.*

**109** — Tête de Pallas à dr. ℞. ΑΘΗΝΑΙΩΝ. Minerve assise donnant à manger à un serpent. Æ. 4. *Belle.*

**110** — Tête de Pallas à g. ℞. Chouette. Æ. 3. *Très-belle.*

111 **Egine** (île). Tortue de terre. ℞. Aire en creux divisée
en cinq parties dans lesquelles sont AΙΓ, et un dauphin.
Æ. 6. *Belle.*

112 — Même type et même lég. AR. 4. *Très-belle.*

113 — Tortue. ℞. Aire divisée en huit parties. AR. 4. *Belle.*
— AR. 1. 2 ps.

### ACHAIE.

114 **Patræ**. Tête de Jupiter. ℞. ΠΓAA. Croix, dauphin. ΓΑ.Α.
AR. 3.

115 **Corinthe**. API. Tête de Pallas à g., etc. ℞. Pégase.
AR. 5. *Belle.*

116 — Tête de Pallas; sanglier. ℞. Pégase. AR. 5.

117 **Sycione** ΣI. La Chimère. ℞. Colombe. AR. 3. *Belle.*

### ARGOLIDE.

118 Partie antérieure d'un loup à g. ℞. Grand 1. AP; croissant
— carré creux; un A en relief. Trois points. AR. 3. 2 ps.

### ARCADIE.

119 ΑPKAΔIKO. Tête bandelée à dr. ℞. Jupiter-Aetophore assis
de face. AR. 3. *Très-belle.*

### EUBÉE (île).

120 **Histiaea**. Tête de Bacchante. ℞. IΣΤΙΑΙΕΩΝ. Femme
assise sur une proue de vaisseau. AR. 3. *Très-belle.*

## ASIE.

### PONT.

121 **Amisus.** Tête casquée. ℞. ΑΜΙΣΟΥ. Carquois, etc. Æ. 5.

122 **Chabacta.** Tête casquée. ℞. ΧΑΒΑΚΤΩ. Carquois, etc.
Æ. 5.

### PAPHLAGONIE.

123 **Sinope.** Tête de nymphe. ℞. ΣΙΝΩ. Aigle. (C. R. Rochette.) AR. 2 1/2.

124 — Tête de Mars. ℞. ΣΙΝΩΠΗΣ. Carquois. Æ. 5.

### BITHYNIE.

125 **Cius.** Tête laurée d'Apollon à dr. Dessous KIA. ℞.
AΘΗΝΟΛΩΡΟΣ. Proue de vaisseau. AR. 2 1/2.

126 **Nicomède II**, roi. Tête diadémée de Nicomède. ℞.
ΒΑΣΙΛΕΩΣ ΕΠΙΦΑΝΟΥΣ ΝΙΚΟΜΗΔΟΥ. Jupiter debout.
P. K. En monog. BFP. AR. 10. *Très-beau médaillon.*

MYSIE.

127 **Parium.** Tête de Méduse de face. ℞. ΠΑΡΙ Bœuf à g.
AR. 2 1/2.

128 **Attalus II.** roi de Pergame. Tête laurée à dr. ℞. ΦΙΛΕ-
ΤΑΙΡΟΥ. Arc. Pallas assise à g. tenant une lance dans le
bras g., appuyant la main dr. sur un bouclier où l'on voit
la tête de Méduse A sur le siége qui est orné d'un sphinx.
AR. 8. *Beau médaillon.*

EOLIE.

129 **Lesbos** (île). Deux têtes de taureaux en regard. ℞. Carré
creux. AR. 4. 2 ps. *Belles.*

IONIE.

130 **Clazomène** ΑΛ. Tête de Pallas. ℞. Têtes jeunes adossées. AR. 2,

131 **Erythrée.** Tête d'Hercule recouverte d'une peau de
lion. ℞. ΕΡΥ. ΦΑΝΝΟΘΕΜΙΣ. Séparé par une massue
et un carquois. AR. 3. *Belle.*

132 — Tête d'Hercule. ℞. ΕΡΥ., etc. Æ. Trois variétés.

CARIE.

133 **Maussollus,** roi. Tête d'Apollon de face. ℞. ΜΑΥΣΣΑ...
Jupiter-Labradaeus tenant la bipenne et la haste. ME.
Monog. AR. 3.

134 **Calymna** (île). Tête virile avec un casque à mentonnière.
℞. ΚΑΛΥΜΝΙΟΝ. Lyre dans un carré de grènetis. AR. 5.
*Belle.*

135 **Rhodes** (île). Tête du soleil de face. ℞. ΕΥ. Fleur du
balaustium. (C. R. Rochette.) AR. 4

136 — ℞. ΣΤΡΑΤΩΝ. Fleur accostée de deux dauphins. (C.
R. Rochette.) AR. 4.

137 — Tête radiée du soleil. ℞. ΝΙΚΑΤΟΡΑ. Fleur. AR. 3.

PISIDIE.

138 **Selge** ΠΟ. Deux licteurs. ℞. ΙΣΤΓΕΛΛΗΣ. Un frondeur
ajustant sa fronde, le tout dans un carré de grènetis.
AR. 6. *Belle.*

GALATIE.

139 **Amyntas**, roi. Tête de Pallas. ℞. ΒΑΣΙΛΕΩΣ. ΑΜΥΝ-
ΤΟΥ. Victoire debout. AV. 1 1/2. *Très-belle.*

140 — Tête casquée à dr. ℞. Même lég. et même type. AR. 8.
*Très-beau médaillon. 2 ps.*

141 — Tête de Pallas. ΛΑΜΥΛ en monog. ℞. Même lég. et
même type. IB. AR. 8. *Très-beau médaillon.*

ROIS DE SYRIE.

142 **Antiochus I Soter**. Tête d'Antiochus diadémée. ℞.
ΒΑΣΙΛΕΩΣ ΑΝΤΙΟΧΟΥ. Apollon nu assis sur une cor-
tine, etc. AP. et une rouelle. (C. R. Rochette.) AR. 8.
*Médaillon.*

143 **Seleucus II Callinicus**. Tête diadémée de Seleucus.
℞. ΒΑΣΙΛΕΩΣ ΣΕΛΕΥΚΟΥ. Apollon nu debout s'appuyant
sur un trépied; un trait dans sa main dr. ; monog. AR. 7.
*Beau médaillon.*

144 **Antiochus Hierax**. Tête diadémée d'Antiochus. ℞.
ΒΑΣΙΛΕΩΣ ΑΝΤΙΟΧΟΥ. Apollon nu assis sur une cor-
tine, etc. Un monog. à l'exergue H. (C. R. Rochette.)
AR. 8. *Médaillon.*

145 **Antiochus III Magnus**. Tête diadémée. ℞. ΒΑΣΙ-
ΛΕΩΣ ΑΝΤΙΟΧΟΥ. Apollon nu assis sur une cortine;
un monog. et une fleur. AR. 8. *Très-beau médaillon.*

146 **Séleucus IV Philopator**. Tête diadémée. ℞. ΒΑΣΙ-
ΛΕΩΣ. etc. Apollon nu assis sur une cortine; dessous
M. AR. 8. *Beau médaillon.*

147 -- Même lég. et même type, figure plus virile. AR. 4.
*Belle.*

148 **Antiochus IV Deus, Epiphanes**. Tête diadémée. ℞. ΒΑΣΙΛΕΩΣ. ΑΝΤΙΟΧΟΥ. ΘΕΟΥ. ΕΠΙΦΑΝΟΥΣ.
ΝΙΚΗΦΟΡΟΥ. Jupiter-Nicéphore assis, ayant la haste dans
la main g., et sur la dr. la Victoire. AR. 9. *Très-beau
médaillon.*

149 **Démétrius I Soter**. Tête diadémée. ℞. ΒΑΣΙΛΕΩΣ.
ΔΗΜΗΤΡΙΟΥ. La Fortune demi-nue assise, tenant un trait
dans la main g., et une corne d'abondance dans la dr.
I. AR. 8. *Beau médaillon.*

150 — Tête diadémée à dr. ℞. ΒΑΣΙΛΕΩΣ. ΔΗΜΗΤΡΙΟΥ. ΣΩΤΗΡΟΣ. La Fortune assise sur un siége soutenu par une sirène; elle tient un trait et une corne d'abondance. Deux monog. (C. R. Rochette.) AR. 8. *Médaillon*.

151 — ℞. ΒΑΣΙΛΕΩΣ. ΔΗΜΗΤΡΙΟΥ. ΣΩΤΗ... Corne d'abondance. AR. 4.

152 **Alexandre I Bala.** Tête diadémée. ℞. ΒΑΣΙΛΕΩΣ. ΑΛΕΞΑΝΔΡΟΥ ΘΕΟΠΑΤΟΡΟΣ ΕΥΕΡΓΕΤΟΥ. Jupiter assis; au bas ΓΞΙΡ. AR. 8. *Beau médaillon*.

153 — ℞. Même lég. Apollon nu assis sur une cortine, etc. ΗΡ. En monog. AR. 3. *Très-belle*.

154 **Démétrius II Nicator.** Tête barbue diadémée. ℞. ΒΑΣΙΛΕΩΣ ΔΗΜΗΤΡΙΟΥ ΘΕΟΥ ΝΙΚΑΤΟΡΟΞ. Jupiter assis, etc. AR. 8. *Beau médaillon*.

155 — Tête virile diadémée. ℞. ΒΑΣΙΛΕΩΣ ΔΗΜΗΤΡΙΟΥ. Aigle dans le champ. ΑΡΕ. ΑΣΥ. ΕΗΡ. ΖΔΔ. AR. 8. *Très-beau médaillon*.

156 **Antiochus VI Epiphanes Doniysus.** Tête radiée et diadémée. ℞. ΑΝΤΙΟΧΟΥ. ΕΠΙΦΑΝΟΥΣ. ΔΙΟΝΥΣΟΥ. Apollon nu assis sur une cortine, etc. Au bas ΟΡΣΤΑ. AR. 4. *Belle*.

157 **Antiochus VII Evergetes.** Tête diadémée. ℞. ΒΑΣΙΛΕΩΣ. ΑΝΤΙΟΧΟΥ. ΕΥΕΡΓΕΤΟΥ. Pallas debout, etc. Monog. AR. 8. *Beau médaillon*.

158 — ℞. ΒΑΣΙΛΕΩΣ. ΑΝΤΙΟΧΟΥ. Aigle et massue, etc. dans le champ. ΑΙΕ. ΑΞ. COP. AR. 8. *Beau médaillon*.

159 **Alexandre II Zebina.** Tête diadémée. ℞. ΒΑΣΙΛΕΩΣ ΑΛΕΞΑΝΔΡΟΥ. Jupiter assis, etc. ΑΓ. Monog. sous le siége. AR. 8. *Très-beau médaillon*.

160 **Antiochus VIII Epiphanes.** Tête diadémée. ℞. ΒΑΣΙΛΕΩΣ. ΑΝΤΙΟΧΟΥ. ΕΠΙΦΑΝΥΣ. Jupiter assis, etc. Le tout dans une couronne de laurier. AR. 8. *Très-beau médaillon*.

161 **Philippe.** Tête diadémée. ℞. ΒΑΣΙΛΕΩΣ ΦΙΛΛΙΠΠΟΥ, etc. Jupiter assis. AR. 8. *Très-beau médaillou*.

PHÉNICIE.

162 **Tyr.** Tête laurée imberbe. ℞. ΤΥΡΟΥΙΕΡΑΣ, etc. Aigle à g., massue. ΔΚ. ΔΥΚ. — ΔΚ. ΜΥ. En monog. AR. 7, 2 médaillons. *Très-beaux*.

163 — Même type et même lég. TI. ZB. En monog. —
— O.KP. AR. 7 et 4. 2 ps.

ROIS PARTHES.

164 **Darius**. Figure barbue coiffée de la tiare, un genou en
terre, tenant un arc et un javelot. R. Carré creux allongé.
AV. 3.

165 — La même. AR. 3. 2 ps. *Très-belles*.

166 **Artaxercès I**. Le roi coiffé de la tiare, debout dans un
char allant à g., conduit par un aurige imberbe. Derrière
le char, figure tenant un sceptre dans la main droite.
R. Galère; une lettre phénicienne. AR. Beau médaillon.

167 **Darius, Notus.** Figure barbue coiffée de la tiare, à
genoux à dr., tirant de l'arc. R. Carré creux allongé. AR.
3. 2 ps. *Très-belles*.

168 — Le roi à mi-corps tenant un arc et deux flèches.
R. Carré creux allongé. AR. 3. *Très-belle*.

169 **Arsaces XV (Phrahates IV)**. Tête du roi à g.
R. Arsaces assis tenant la Victoire de la main droite et une
haste dans la gauche, etc. (Lindsay, P. V. 3.) Tetradachme.
*Beau*.

170 — Tête du roi à g.; derrière un aigle; devant une étoile
dans un croissant. R. BAΣIΛEΩΣ, etc. Le roi assis tenant
un arc. (Lindsay, P. III. 59.) Drachme. *Très-beau*.

171 **Arsacès XVIII (Vonones I)**. BACIΛEYC. ONΨ-
NHC, etc. Tête diadémée à g. R. Victoire tenant une
palme, etc. (Lindsay, P. III. 64.) Drachme. *Très-beau*.

172 **Meherdates**. Tête diadémée de face entre deux étoiles.
R. BAΣIΛEΩΣ, etc. Figure assise tenant un arc. (Lindsay,
P. 3, 71.) Drachme. *Beau*.

173 **Arsacès XXII (Vonones II)**. Tête barbue à g.
R. BACIΛEY, etc. Vonones assis, une ville debout, lui of-
frant une couronne dans le champ. ΓΞΤ. 363. (Lindsay,
P. 6, 19.) Tetradrachme. *Très-beau*.

174 **Arsacès XXIV (Artaban IV)**. Tête du roi à g.
R. BACIΛEΨN, etc. Arsaces assis, une ville debout lui
offrant une palme, etc. Dans le champ GOΓ. 376. (Lindsay, P. VI, 21.) Tetradrachme. *Beau*.

175 — Tête à g. R. Arsaces assis, tenant un arc dans la main droite, etc. (Lindsay, IV, 79.) Drachme. *Beau.*

ROIS DE LA BACTRIANE.

176 **Euthydemus.** Tête bandelée de perles. R. ΕΥΘΥΗΜοΥ en lettres très-barbares. Hercule assis à g. (H. H. Wilson, P. I, 9.) Tetradrachme. *Très-beau.*

177 **Antalkides.** ΒΑΣΙΛΕΩΣ ΝΙΚΗΦοΡοΥ ΑΝΤΙΑΛΚΙΔοΥ. Tête du roi. R. Bonnets et palmes des Dioscures. (H. H. Wilson, P. II, 3. E. 4. *Très-belle.*

178 **Menandre.** ΒΑΣΙΛΕΩΣ ΣΩΤΗΡΟΣ ΜΕΝΑΝΔΡοΥ, etc. Minerve debout à g. Légende et un monog. (H. H. Wilson, P. III, 14.) Hemidrachme. AR. *Très-beau.*

179 — ΜΕΝΑΝΔΡοΥ, etc. Tête du roi casquée à dr. R. Minerve debout, etc., monog. (H. H. Wilson, P. III, 15.) Hemidrachme. *Très-beau.*

180 — ΜΕΝΑΝΔΡοΥ, etc. Le buste du roi à g., tenant une lance. R. Minerve debout à dr., monog. (H. H. Wilson, P. IV, 1.) Hemidrachme. *Très-beau.*

181 ΜΕΝΑΝΔΡοΥ, etc. Tête d'éléphant à dr. R. Une massue, etc. (H. H. Wilson, P. IV, 10.) Æ. 2. *Très-belle.*

182 **Apollodotus.** ΒΑΣΙΛΕΩΣ ΣΩΤΗΡοΣ ΑΠοΛΛοΔοΤοΥ. Apollon nu, debout. R. Trépied dans un carré de grènetis, etc. (Wilson, P. IV, 17.) Æ. 4. *Très-belle.*

183 **Azes.** ΒΑΣΙΛΣΟΣ ΒΑΣΙΛΕΩΝ ΜΕΓΑΛΠΥ ΑΗΖ, etc. Zébu à dr. R. Lion à dr., etc. (Wilson, P. VII, 8.) E. 7. *Belle.*

184 **Megac** (Soter). Tête du roi à g. R. ΒΑCΙΛΕΥC ΒΑCΙΛΕΨΝ. CΨΤΗΡ. ΜΕΓΑC. Le roi à cheval. (Wilson, P. 9, 16.) Æ. 5. *Très-belle.*

185 **Kadphises.** ΜΕΓΑC. ΟΟΜΗΝ. ΚΑΔΦΙCΗC, etc. Le roi debout, etc. R. Figure debout, s'appuyant sur une zébu; légende indienne. (Wilson, P. X, 17, 21.) Æ 8 et 4. 2 ps. *Belles.*

## AFRIQUE.

ROIS D'ÉGYPTE.

186 **Ptolémée I.** Tête laurée. R. ΒΑΣΙΛΕΩΣ ΠΤΟΛΕΜΑΙΟΥ. Aigle LAΓ. Σ. Α. AR. 7. Médaillon. *Très-beau.*

187 **Ptolémée XII**. Dionysius. Aigle à g. ℞. ΒΑΣΙΛΕΩΣ
ΠΤΟΛΕΜΑΙΟΥ. Aigle. AR. 5.

CYRÉNAÏQUE.

188 **Cyrène.** Tête diadêmée à dr. ℞. KYRA. Lyre. Æ. 3.

## MÉDAILLES ROMAINES.

### CONSULAIRES.

189 **Aburia**. ℞. c. ABVRI, etc. (Cohen, I, 2.) AR.
190 **Accoléia**. AC., etc. Buste de Clymène. ℞. Trois nymphes
changées en arbres. (Co., I, 1 et 2.) AR. 2 ps. *Très-
belles.*
191 **Æmilia**. ROMA. Tête de Vénus laurée. ℞. M. LEPIDVS, etc.
Statue équestre. (Co., I, 5.) AR. *Très-belle.*
192 — (Co. I, 3, 9, 10.) AR. 4 ps. *Belles.*
193 **Afrania**. — Annia. — Antestia. AR. 3 ps. *Belles.*
194 **Antia**. RESTIO. Tête nue d'Antius. ℞. c. ANTIVS. C. F. Hercule debout, etc. (Co. III, 2.) AR. *Belle.*
195 **Antonia**. (Co. V, 39, 43, 44, 50, 52.) AR. 5 ps.
196 — Tête radiée du soleil à dr., etc. Marc-Antoine debout
en habit de prêtre, etc. (Co., IV, 29.) AR. *Belle.*
197 **Aquilia**. AVGVSTVS. CAESAR. Tête nue d'Auguste. ℞. L.
AQVILLIVS. FLORVS. III. VIR. Figure militaire debout relevant
une femme. AR. *Belle.*
198 **Barbatia**. Tête d'Auguste. ℞. Tête de Marc-Antoine.
(Co., VII, 1.) AR. *Très-Belle.*
199 **Caesia**. Buste d'Apollon, etc. AP. ℞. L. CAESI. (Co. VIII,
1). AR. *Très-belle.*
200 **Calpurnia**. (Co. IX, 10, 11, variétés). AR. 3 ps.
*Belles.*
201 — PISO, etc. Tête de Saturne. ℞. Pison et Cépion assis
entre deux épis, etc. (Co. X, 24). AR. *Belle.*
202 — PISO, etc. Tête de Numa avec un diadème sur lequel on
lit : NVMA. ℞. MAGN. PRO. COS. Proue de vaisseau. AR.
*Belle.*
203 **Carisia**. Buste de Diane à dr. ℞. T. CAR. Levrier (Co. X,
5). AR. Sesterce.
204 **Carvilia**, Tête de Jupiter jeune. ℞. CAR. OCVL. VER. Jupiter dans un quadrige (Co. XI, 1). AR. *Très-belle.*

205 **Cassia**. Tête d'Apollon. ℞. Q. CASSIVS, etc. (Co., XI, 6). AR. *Très-belle*.

206 **Cipia**. Claudia (Co., XII, 1, 2). AR.

207 **Coelia**. C. COELIA. CALDVS. COS. Tête radiée du soleil entre deux boucliers. S. AR. *Très-belle*.

208 **Coponia**. SICINIVS. III. VIR., etc. (Co. XIV, 1). AR. *Belle*.

209 **Cornélia**. L. LENT. C. MARC. COS. Tête de Jupiter. ℞. Jupiter nu debout auprès d'un autel, etc. (Co. XV, 14). AR. *Très-belle*.

210 — LENTVLVS. SPINT. Praefericulum et lituus. ℞. BRVTVS. Hache, simpule et secespia (Co. XV, 26). AR.

211 **Cossutia**. Tête de Mercure à g. ℞. COSSVTI. CF. Bellérophon à cheval sur Pégase. AR. *Très-belle*.

212 **Critonia**. AED. P. L. Tête de Cérès à dr. ℞. M. FAN. L. CRT. Deux figures en toge, assises. P. A. (Co. XVI). AR. *Belle*.

213 **Domitia**. AHENOBAR. Tête à dr. de Cnaeus-Ahenobarbus. ℞. CN. DOMITIVS. IMP. Trophée sur une proue de vaisseau. AR. *Très-belle*.

214 **Egnatia**. MAX SVMVS. Tête de la Liberté. ℞. Rome et Vénus debout, etc. (Co. XVII, 2). AR.

215 **Eppia**. SCIPIO. IMP. Q. METELL. Tête de l'Afrique à dr. avec une peau d'éléphant; devant épi, etc. (Co., XVII). AR.

216 **Fabia**. Tête de Cybèle tourelée et voilée, etc. (Cohen, XVII, 7).

217 **Fannia**. AED. PL. Tête de Cérès. ℞. M. FAN. L. CRT. Deux figures assises sur une estrade. PA. Épi. (Co. XVI). AR.

218 **Fontéia**. Buste de Mars, etc. (Co. XVIII, 9). AR. *Très-belle*.

219 **Herennia**. PIETAS. Tête de la Piété. ℞. M. HERENNI. Catane portant son père dans ses bras (Co. XIX). AR.

220 **Hosidia**. Tête de Diane à dr., etc. (Co. XIX, 1). AR. *Très-belle*.

221 **Hostilia**. Tête de la Pâleur. ℞. Diane d'Éphèse debout, etc. — Tête de Vénus, etc. (Co. XIX, 3 et 1). AR. 2 ps. *Très-belles*.

222 **Julia**. Éléphant, etc. (Co. XX, 10, 11). AR. 2 ps.

223 **Junia**. BRVTVS. Tête nue de Brutus. ℞. AHALA. Tête de Ahala à dr. (Co. XXIII, 11). AR. *Belle*.

224 — LIBERTAS. Tête de la Liberté. ℞. BRVTVS. Brutus marchant entre deux licteurs, et précédé par un autre. (Co , XXIII, 12). AR. *Très-belle.*

225 — LEIBERTAS. Tête de la Liberté. ℞. Ancre et gouvernai (Co., XXIII, 13). AR. *Quinaire.*

226 **Livinéia.** Tête de Livinéius-Régulus. ℞. Chaise curule entre six faisceaux (Co. XXIV, 3). AR. *Très-belle.*

227 — Tête laurée de Jules-César entre une branche de laurier et un caducée. ℞. L. LIVINEIVS REGVLVS. Taureau (Co., XXIV, 6). AR. *Belle.*

228 **Manlia.** (Co. XXVI, 1). — Marcia. (Co. XXVI, 3, 4, 8). AR. 4 ps. *Belles.*

229 **Memmia.** C. MEMMI. C. F. Tête de Cérès. ℞. Captif un genou en terre, etc. (Co. XXVII, 4, 2, 1). AR. 3 ps. *Belles.*

230 **Mucia.** Têtes accolées de l'Honneur et de la Vertu, etc. (Co. XXVIII, 1). AR. *Belle.*

231 **Mussidia.** Tête laurée de César. ℞. L. MVSSIDIVS, etc. (Co. XXIX, 2). AR.

232 — CONCORDIA. Tête de la Concorde, etc. (Co. XXIX, 5). AR. *Belle.*

233 **Nasidia.** NEPTVNI. Tête de Pompée; devant un trident; dessous le buste, un dauphin. ℞. Q. NASIDIVS. Galère (Co. XXIX, 1). AR.

234 **Nonia.** (Cohen. XXIX, 1). — Norbana (Co. XXX, 3). AR. 2 ps. *Belles.*

235 **Petillia.** PETILLIVS, etc. ℞. Temple (Co. XXX, 2). AR. *Belle.*

236 **Plautia.** Tête tourelée de Cybèle, etc. (Co. XXX, 6). AR.

237 **Poblicia.** Tête de Pallas. ℞. CN. MAGNVS. IMP. Pompée debout, etc. (Co. XXXIII, 8). ℞.

238. **Pompéia.** Tête de Pallas, etc. (Co. XXXIII, 1). AR. *Belle.*

239 **Pomponia.** L. POMPON. MOLO. Tête d'Apollon, etc. (Co. XXXIV, 2). AR.

240 **Postumia.** Buste de Diane, etc. (Co. XXXV, 5. 7. 8). AR. 3 ps. *Belles.*

241 **Procilia.** Tête de Jupiter. — Tête de Junon, etc. (Co. XXXV, 1. 2). AR. *Belles*

242 **Quinctia**. Buste d'Hercule à g. ℞. D. S. S. incuses. (Co. XXXVI, 4). ℞.

243 **Rustia**. Q. RVSTIVS. FORTVNE. Deux bustes accolés, etc. (Co. XXXVI, 2). AR.

244 **Sépullia**. CÆSAR. IMP. Tête laurée de J. César; derrière, une étoile. ℞. P. SEPVLLIVS. MACER. Vénus debout, etc. (Co. XXXVII, 4). AR. *Belle.*

245 — CÆSAR. DICT. PERPETVO. Tête laurée et voilée de J. César. ℞. P. SEPVLLIVS, etc. (Co. XXXVII, 3). AR. *Belle.*

246 **Servilia**. Tête de la Liberté. — Tête de Flore, etc. (Co. XXXVII, 2. 5). AR. 2 ps.

247 **Sestia**. L. SESTI. PRO. Tête voilée de la Liberté à dr. ℞. Q. CÆPIO BRVTVS. PRO. COS. Trépied entre une hache et un simpule (Co. XXXVIII, 1). AR. *Très-belle.*

248 **Sicinia**. FORT. P. R. Tête de la Fortune. ℞. Q. SICINIVS, etc. (Co. XXXVIII, 1). AR.

249 **Silia** ROMA. Buste de Pallas. ℞. P. NERVA, etc. (C. XXXVIII, 1) AR.

250 **Sulpicia**. D. P. P. Têtes accolées des Dieux Pénates, etc. (Co. XXXVIII, 1). AR.

251 **Térentia**. Tête de Pallas. ℞. Deux Dioscures à cheval. C. VAR. en monog. (Co. XXXIX, 2). AR.

252 **Todillia**. Tête de Rome. ℞. TOD. ROMA. Bige (Riccio XLVI, 1). AR.

253 **Urbinia**. Tête de Rome. ℞. AP. CL. T. MAL. Q. VR. Victoire dans un char (Co. XL, 2). AR.

254 **Valéria**. Buste ailé de la Victoire. ℞. L. VALERI FLACCI. Mars debout, etc. (Co. XL, 3. 4). AR. 2 ps.

255 — ACISCVLVS. Tête d'Apollon à dr. ℞. L. VALERIVS. Europe sur un taureau (Co. XL, 7), AR.

256 **Vargunteia**. M. VARG. Tête de Rome. ℞. Quadrige (Co. XL, 1). AR.

257 **Veturia**. Double tête imberbe. ℞. ROMA. Deux soldats debout avec des baguettes, une truie que tient un homme à genoux (Co. XLIV, 8). Or. *Belle*

258 — TI. VET. Buste de Mars. ℞. ROMA, etc. (Co. XLI, 1). AR. *Belle.*

259 **Vibia**. Tête de Jupiter, etc. (Co. XLI, 1. 1). AR. *Belle.*

260 **Voconia.** Tête laurée de J. César. R. Q. VOCONIVS. VITVLVS.
Taureau (Co. XLII, 1). AR.

261 **Voltéia.** Tête de Jupiter. R. M VOLTEI. M. F. Temple
(Co. XLII, 1). AR. *Belle.*

262 — Tête de Pallas; une couronne de laurier sur le casque.
R. M. VOLTEI. M. F. Cybèle dans un bige de lions (Co. XLII,
2). AR. *Belle.*

263 **Scribonia.** Carisia, Julia, etc. AR. 10 ps variées.

264 **Satriena.** Pompéia Vibia, etc. AR. 10 ps variées.

265 **Thoria.** Tullia Cassia, Cœlia, etc., AR. 10 ps variées.

166 **Servilia.** Aelia, Domitia, Tituria, etc. AR. 12 ps variées.

267 **Incertaines.** I. I. S. Tête de Rome. R. Les Dioscures à
cheval. ROMA. (Co. XLIII, 7). AR. Sesterce.

268 — Tête de Pallas. R. Rome assise, etc. (Co. XLIII, 14).
AR. *Belle.*

269 **Consulaires de fabrique Campanienne.**
Tête de Mars. LX. R. ROMA. Aigle sur un foudre (Co. XLIII,
1). Or. Soixante sesterces. *Très-belle.*

270 — Tête de Mars XX. R. ROMA. Aigle sur un foudre (Co.
XLIII, 3). Or. Vingt sesterces. *Très-belle.*

271 — Double tête imberbe. R. Jupiter dans un quadrige;
derrière lui, une victoire (Co. XLIII, 5). Or. Électrum.

272 — Double tête imberbe. R. ROMA (en relief). Jupiter dans
un quadrige. AR. Petit médaillon. *Beau.*

273 — Même tête. R. ROMA. Jupiter dans un quadrige (Co
XLIII, 6). AR. Petit médaillon. *Très-beau.*

274 — Tête de Junon.... R. ROMA. Hercule combattant le Cen-
taure... (Co. LXXI, 3). Æ. Médaillon.

275 — La Louve allaitant Romulus et Rémus... R. ROMA. Cor-
beau.. Æ. *Belle.*

276 — Tête de Mercure à dr.. etc. — Tête de Pallas. R. ROMA.
Proue de vaisseau (Co. LXXI, 14, 15). Æ. 2 ps. *Belles.*

AS ROMAINS.

277 **As.** Tête de Janus. R. ROMA. Proue de vaisseau (Co. LXX,
1). Æ. *Beau.*

278 **As** coulé. Tête de Janus. R. I. Proue de vaisseau (Co.
LXXV, 1). Æ. 17. *Très-beau.*

279 **Sémis.** Tête de Jupiter. R. ϟ Proue de vaisseau. Æ.

280 Semis Coulé. Tête de Janus à g. ⚬ ℞. Proue de vaisseau ⚬ (Co. LXXV, 2). Æ. 14. *Très-beau.*

281 **Triens**. Tête de Pallas.... ℞. ROMA. Proue de vaisseau, etc V—K. Æ. 2 ps.

282 — Coulé. Foudre.... ℞. Dauphin.... Æ. 13.

283 **Quadrans**. Tête d'Hercule. ℞. ROMA... Proue de vaisseau. Æ.

284 **Sextans**. Tête de Mercure.. Sous le buste. ℞.. Proue de vaisseau. ROMA. Æ. 2 ps.

285 **Once**. Tête de Mercure. ℞. ROMA. Proue de vaisseau. Æ.

## EMPEREURS ROMAINS.

286 **Pompée**. Tête nue. ℞. CLAS., ect. Neptune debout entre Anapius et Amphinomus. AR.

287 **Jules-César**. C. CAESAR. IMP. Tête laurée. ℞. P. SEPVL.. etc. Victoire. ℞. METTIVS. Vénus debout AR. 2 ps. *Très-belles.*

288 — IMP., etc. Têtes adossées de César et d'Auguste. ℞. C. I. V. Proue de vaisseau. GB. (colonie de Vienne). *Beau.*

289 — DIVL. Tête de César. ℞. DIVOS IVLIVS dans une couronne. GB. *Beau.*

290 **Juba I**, roi de Mauritanie, REX. IVBA. Tête à dr. ℞. Temple octostyle. AR. Fl. de c.

291 **Juba II**, roi de Mauritanie, REX IVBA. Tête bandelée à dr. ℞. Pégase. AR. XXXXV. —Globe AR. *Très-belle.*

292 — REX IVBA. Tête de Juba. ℞. BACIAI.. IA. CHEOII... Le lotus avec des épis. AR.

293 **Ptolémée III**, roi de Mauritanie. PTOLEMAEY. REX. Tête à dr. ℞. BAVI. Corne d'abondance AR. *Belle.*

294. **Cnéus-Pompée**. M. POBLICI, etc. Tête de Pallas. ℞. CN. MAGNVS. IMP. Pompée debout, etc., AR. *Très-belle.*

295 **Sextus-Pompée**. NEPTVNI. Tête nue, etc. ℞. NASIDIVS. Galère. AR. *Très-belle.*

296 **Caïus-Cassius**. C. CASSI, etc. Tête de la Liberté. ℞. LENTVLVS SPINT. Praefericulum et le lituus. AR.

297 **Brutus** ΚΟΣΩΝ. Brutus marchant entre deux licteurs. ℞. Aigle tenant une couronne (Cossea) or ; *Très-belle.*

298 — LIBERTAS. Tête de la Liberté. ℞. BRVTVS. Brutus marchant suivi par trois licteurs. AR. *Belle.*

299 **Lépide.** LEPIDVS. PONT. MAX. III. V. R. C. Tête de Lépide. ℞. CAESAR, etc. Tête d'Auguste AR. Fl. de c.

300 **Marc-Antoine et Cléopâtre.** M. ANTONIVS. IMP. COS. DESIG. ITER. ET. TERT. Têtes accolées de Marc-Antoine et de Cléopâtre. ℞. III. VIR. R. P. C. Bacchus sur la ciste entre deux serpents. AR. Médaillon.

301 **Marc-Antoine et Octavie.** M. ANTONIVS, etc. Tête laurée de Marc-Antoine dans une couronne de fleurs. ℞. III. VIR. R. P. C. Tête d'Octavie sur une ciste entre deux serpents. AR. *Beau médaillon.*

302 — IMP., etc. Tête à dr. ℞. CAESAR, etc. Tête d'Auguste. AR. Fl. de c.

303 — IMPERATOR, etc. Tête nue de Marc-Antoine. ℞. AVG. EΦE dans une couronne (Ephèse). AR. *Belle.*

304 **L. Antoine.** L. ANTONIVS. COS. Tête nue à dr. ℞. M. ANT. etc. Tête de Marc-Antoine. AR.

305 **Auguste.** CAESARI. AVGVSTO. Tête laurée à dr. ℞. S. P. Q. R. Char attelé de quatre chevaux ; au-dessus un petit quadrige Or. Fl. de c.

306 — CAESAR. Tête nue. ℞. AVGVSTVS. Bœuf à g. Or.

307 — IMP. CAESAR. Tête nue. ℞. AVGVSTVS. Autel; devant deux cerfs. AR. *Beau médaillon.*

308 — ℞. AVGVSTVS. Sphinx. AR. *Très-beau médaillon.*

309 — ℞. AVGVSTVS. Six épis. AR. *Très-beau médaillon.*

310 — Tête nue à dr. ℞. CAESAR. DIVI. Apollon assis sur un rocher, jouant de la lyre. AR. Fl. de c.

311 — CAESAR, etc. ℞. Mars dans un temple. — ℞. S. P. Q. R. temple. — IMP. etc. Tête casquée. ℞. CAESAR, etc., un bouclier. AR. 3 ps. Fl. de c.

312 — ℞. AEGYPTO. CAPT. Crocodile. — Caïus à cheval.— Trophée.—Temple tétrastyle.— 10 ps. AR, dont un quinaire. *Belles.*

313 — DIVOS, etc. Tête radiée. ℞. S. C. PROVIDENT. Autel. *Très-beau.* — ℞. Auguste assis sur une chaise curule. — Le même, 3 M B, dont un restitué par Titus; 5 ps.

314 Tête radiée. ℞. XIII. — ℞. Aigle. — Frappé à Carthagène (Espagne) P B. 3 ps. *Belles.*

315 **Livie**. SALVS AVGVSTA. — PIETAS. **2** ps variées. — IVSTITIA. Livie sous les traits de la Justice. — La Piété et la Justice MB. 4 ps. *Belles.*

316 **M. Agrippa**. M. AGRIPPA. L. F. COS III. Tête à g. ℞. S. C. Neptune debout MB. 3 ps. *Belles.*

317 — ℞. IMP. T. VESP. AVG. REST. Neptune debout. MB. *Très-beau.*

318 — TITV, etc. Figure conduisant des bœufs (frappé à Saragosse, Espagne). MB.

319 **Julia**. TI. CAESAR, etc. Tête de Tibère. ℞. Tête de Julie ; légende africaine (IOL. Afrique). G. B.

320 **Caïus**. CAESAR. Tête nue dans une couronne. ℞. AVGVST. Candélabre dans une couronne (M. Dupré, Recherches numismatiques, 1836). AR.

321 **Tibère**. ℞. L'empereur dans un quadrige. — Pontife assis. AR. 5 ps. Fl. de c.

322 — CIVITATIBVS, etc. Tibère assis sur une chaise curule. ℞. S. C., etc. GB. *Beau.*

323 — ℞. Caducée. S. C., etc. — PONTIF, etc. MB. 2 ps. *Très-belles.*

324 — TI. CAESAR, etc. Tête laurée à g. ℞. C. V. T. T. AETERNITATIS AVGVSTAE. Temple (colonie d'Espagne) GB. *Beau.*

325 — TI, etc. Tête à dr. ℞. T. VAL. MERVLA. L. VAL. FLAVQ. AED séparé par une tête de bœuf (Calahorra, Espagne) P. B. *Beau.*

326 — TI CAF IMP. V. Tête nue de Tibère. ℞. PIS. P. DVS. P. II. VIR. C. I. C ; dans le champ P. P. DD ; PB. *Beau et très-rare.*

327 **Drusus. Junior**. DRVSVS. CAES. TI. AVG. COS. II PP. Tête nue à g. ℞. TI, etc. Tête laurée de Tibère. AR. Pièce rare et belle dont la légende est complète.

328 — ℞. PONTIF, etc. S. C. — MB. *Beau.*

329 **Drusus-Senior**. NERO. CLAVDIVS. DRVSVS, etc. Tête à g. ℞. TI, etc. Germanicus assis sur un monceau d'armes. G.B. *Très-beau.*

330 **Antonia**. ANT., etc. Tête à dr. ℞. TI, etc. Femme debout. M. B. *Très-beau.*

331. **Germanicus**. GERMANICVS. CAES., etc. Tête nue. ℞. C. CAESAR, etc. Tête laurée de Caligula. M. B. ; 3 ps. *Très-belles.*

332 **Agrippine-Senior**. AGRIPPINA, etc. Tête à dr. R. C.
CAESAR. AVG, etc Tête de Caligula. AR. *Très-belle.*

333 — Même lég. Tête à dr. R. S. P. Q. R. MEMORIAE. AGRIPPINAE.
Carpentum. G. B. *Beau.*

334 **Néron et Drusus**. Néron et Drusus à cheval, etc. R.
C. CAESAR, etc., au milieu s. c. M. B. *Beau.*

335 — Têtes affrontées de Néron et de Drusus. R. Auguste
(Carthagène, Espagne). M. B. *Beau.*

336 **Caligula**. C. CAESAR. AVG. GERM. PM. TR. POT. COS. Tête de
Caligula. R. Tête laurée d'Auguste entre deux étoiles.
AR. Belle.

337 — C, CAESAR, etc. Tête laurée. R. S. P. Q. R. P. P. OB. C. S.
Dans une couronne. AR.

338 — CAESAR. AVG., etc. Tête à g. R. ADLOCVT. COH. L'empereur haranguant les cohortes. — R. S. P. Q. R. P. P. etc.
Dans une couronne de laurier. G. B. 2 ps.

339 — C. CAESAR, etc. R. SEGOBRICA. Dans une couronne. (Colonie d'Espagne). M. B. *Beau.*

340 **Cæsonia**. VINC. etc. Tête de Cæsonia. R, C. CAESAR.
AVG., etc. Tête laurée de Caligula (Carthagène, Espagne).
M. B.

341 **Claude**. TI. CLAVD., etc. Tête laurée à dr. R PRAETOR.
RECEPT. L'empereur et un prétorien debout. Or. *Très-
belle.*

342 — TI. CLAVD. CAESAR. AVG. Tête nue à g. R. ROM. ET. AVG.
COM. ASI. Temple, etc. AR. *Très-beau médaillon.*

343 — R. PRAETOR, etc. L'empereur et un prétorien debout, etc. AR. *Belle.*

344 — IMPER. RECEPT. Camp prétorien. AR.

345 — PACI. AVGVSTAE. Victoire debout. AR. *Belle.*

346 — TI. CLAVDIVS, etc. Tête laurée à g. R. SPES. AVGVSTA.
S. C. L'Espérance debout. G. B. *Très-beau.*

347 — R. EX. S. C. O. B., etc. Dans une couronne. G. B.
*Beau.*

348 — TI., etc. Tête laurée à g. R. IMP. T. VESPA. AVGV. RES. S. C.
Femme debout. G. B. *Beau.*

349 — La Liberté debout. — L'Espérance assise. M. B. 2 ps.
P. B. 2 ps.

350 **Messaline.** ΜΕΣΣΑΛΙΝΑ, etc. Messaline debout. ℞. Tête
de Claude (Alexandrie, Egypte). AR.

351 **Agrippine-Junior.** AGRIPPINAE. AVGVSTAE. Tête diadémée. ℞. TI. CLAAVD, etc. Tête de Claude. AR. *Très-
belle.*

352 **Néron et Agrippine-Junior.** Les deux têtes accolées, etc. ℞. AGRIPP, etc. Les deux'personnages dans un quadrige d'éléphants. AR. *Belle.*

353 **Néron.** NERO, etc. ℞. IVPPITER , etc. Jupiter assis. Or.
*Belle.*

354 — ℞. Trois enseignes militaires. — VESTA. Temple. AR.
2 ps.

355 — Tête jeune à dr. ℞. EX. S. C., etc. Dans une couronne.
AR. — ℞. ARMENIAE. Victoire. AR. Quinaire. 2 ps. *Belles.*

356 **Néron et Polémon II**, roi du Pont. ETOYRK. Tête
laurée de Néron. ℞. BACIΛEY ΠΟΛEMΩNOC. Tête diadémée de Polémon. AR. *Très-belle.*

557 **Néron.** NERO. CLAVDIVS, etc. Tête à dr. ℞. AVGVSTI. S. P. Q.
R OSTC. Port d'Ostie. G. B.

358 — Tête à g., etc. ℞. PACI., etc. Temple de Janus. G. B. Beau.

359 — ℞. ANNONA, etc. Cérès assise devant l'Espérance debout.
G. B. *Très-beau.*

360 — ℞. S. C. ROMA. Rome assise, etc. — CONG., etc. Néron
faisant une distribution au peuple. G. B. 2 ps. *Belles.*

361 — DECVRSIO. Deux cavaliers. G. B. *Très-beau et d'un style
fin.*

362 — ℞. Le même. — ℞. Deux cavaliers et un soldat. — S. C.
Arc-de-Triomphe. G. B. 3 ps.

363 — ℞. Victoire debout. — Rome assise. — Génie debout
devant un autel. — Temple de Janus. M. B. 4 ps. *Très-
belles.*

364 — La Sécurité assise. — Victoire, etc. — Néron jouant de
la lyre. M. B. 6 ps. *Belles.*

365 — ℞. MAC. AVG. Édifice. — ARA PACIS. Temple. — Génie
sacrifiant. — Rome assise. M. B. 7 ps. *Belles.*

366 — ℞. Néron jouant de la lyre. — Table sur laquelle sont
un vase et une couronne. — Rome assise. P. B. 8 ps variées de module. *Belles.*

367 **Néron et Agrippine**. Têtes accolées. NEΩN, etc.
ΕΦΕ, etc. Cerf (Éphèse, Ionie). Module entre le P. B. et
le M. B. *Beau.*

368 — Tête radiée à dr., etc. ℞. NEΩN. ΑΓΑΘΟΔΑΙΜ. Serpent
(Alexandrie, Egypte). Potin. *Très-beau.*

369 — Tête radiée. ℞. Aigle. — Tête d'Auguste (Alexandrie,
Égypte). Potin. 4 ps.

370 **Poppée**. ΠΟΠΠΑΙΑ, etc. Tête à dr. ℞. NERO. Tête de
Néron (Alexandrie, Égypte). Potin.

371 **Galba**. IMP. GALBA, etc. Tête laurée. ℞. ROMA. RENASCEN.
Figure militaire debout. — ℞. LEIBERTAS. PVBLICA, etc. AR.
2 ps. *Belles.*

272 — Tête à g. ℞. VIRTVS. — Tête nue à dr. R. S. P. Q. R. OB.
C. S. Dans une couronne. AR. 2 ps. *Belles.*

373 — Tête laurée à dr. ℞. VICTORIA, etc. Victoire sur un globe.
AR. Quinaire. *Beau.*

374 — SER. GALBA. IMP. AVG. Galba à cheval. ℞. TRES. GALLIAE.
Trois têtes de femmes avec trois épis sur trois globes. AR.
Cette pièce rare et intéressante est d'une fabrique très-fine
et à fleur de coin (Variété décrite par Mionnet).

375 — ℞. ROMA, XL. R. S. C. Rome debout. G. B, *Très-beau.*

376 — MARS, etc. Mars debout. — ROMA. S. C. Rome assise. —
S. P. Q. R., etc. dans une couronne. G. B. 3 ps. *Belles.*

377 — Tête laurée. ℞. PAX. AVGVSTA, etc. M. B. *Beau.*

378 **Othon**. IMP. OTHO., etc. Tête nue. ℞. PONT. MAX. — VICTO-
RIA. OTHONIS. Victoire debout. AR. 2 ps. *Belles.*

379 — CAE. AVG. IMP. OΘO. Tête laurée à dr. ℞. S. C. Dans une
couronne (Antioche, Syrie). G. B. *Très-beau.*

380 **Vitellius**. ℞. CONCORDIA. — S. P. Q. R., etc. — FIDES.
EXERCITVS. — Mars marchant. — Victoire. AR. 5 ps.

381 Tête laurée à dr., etc. ℞. I. O. MAX. CAPITOLINVS. Jupiter assis
dans un temple. AR. *Belle.*

382 — IO. M. CAPITOLINVS. Tête de Jupiter. ℞. VESTA. P. R. QVI-
RITIVM. Vesta assise. AR. *Belle.*

383 — A. VITELLIVS, etc. Tête laurée à dr. ℞. PAX. AVGVSTA. S. C.
La Paix debout. G. B. *Très beau.*

384 — ℞. PROVIDENT. S. C. Autel. M. B. *Beau.*

385 — IMP., etc. Tête à g. ℞. La Liberté debout. M. B.

386 **Vespasien.** Tête laurée. ℞. VIC. AVG., etc. Victoire sur globe. Or. *Très-belle.*

387 — IVDEA — VESTA — IMP. X. A., etc. AR. 8 ps. variées. *Belles.*

388 — Tête laurée, etc. ℞. CAES. AVG. F. DES. IMP., etc. Titus et Domitien debout se donnant la main. G. B. *Très-beau.*

389 — ℞. VICTORIA. AVGVSTI. Victoire écrivant sur un bouclier; captif assis auprès d'un palmier. *Beau.* — s. c. Mars debout. G. B. 2 ps.

390 — ℞. s. c. Victoire debout. — PAX. AVG. — FIDES. PVBLICA. s. c. M. B. 4 ps. *Très-belles.*

391 — Tête laurée à g. ℞. s. c. Dans une couronne. — IMP. VES., etc. ℞. s. c. Dans une couronne. — P. B. 2 ps. dont une de grand module.

392 **Titus.** ℞. Éléphant. — Trépied. — Édifice, etc. AR. 4 ps. *Belles.*

393 — ℞. s. c. L'Espérance debout. — s. c. IVDEA. CAPTA. G. B. 2 ps. *Belles.*

394 — ℞. s. c. L'Espérance debout. — La Liberté debout. M. B. 2 ps.

395 **Julia.** IVLIA. AVGVSTA. Tête à dr. ℞. DIVI. TITI. FILIA. Paon de face. (Cette pièce inédite n'était connue qu'en or par Mionnet.) AR. *Belle.*

396 — IVLIA. etc. ℞. VENVS. AVGVSTA. Vénus debout. AR.

397 — ℞. VESTA. Vesta assise. AR.

398 — IVLIA. IMP. T. AVG. F. AVGVSTA. Tête à dr. ℞. VESTA. s. c. Vesta assise. M. B. *Très-beau.*

399 **Domitien.** CAESAR. DIVI. F. DOMITIAN, etc. Tête laurée à dr. ℞. PRINCEP, etc. Casque sur une chaise curule. Or.

400 — ℞. COS. III. Pégase, etc. Revers variés. 5 ps. *Belles.*

401 — ℞. COS. XIII, etc. Prêtre salien. — ℞. Victoire. AR. Quinaire. 2 ps. *Belles.*

402 — Tête laurée, etc. ℞. IOVI. VICTORI. Jupiter assis. s. c. G. B. *Très-beau.*

403 — ℞. s. c. Vesta sacrifiant devant un temple. G. B. *Beau.*

404 — s. c. L'empereur à cheval. — Fortune debout, etc. M. B. 5 ps. variées.

405 — IMP. DOMIT., etc. Tête casquée. ℞. s. c. Aigle sur un rameau — Rhinocéros. — s. c., etc. P. B. 3 ps. *Belles.*

406 — B. s. c. Arbre. — s. c. Dans une couronne. —
Aigle, etc. P. B. 3 ps.

407 — Tête laurée de Domitien, etc. R. ΕΦΕCΙΩΝ. Cerf
debout. M. B.

408 **Domitia.** DOMITIA. AVGVSTA. IMP. DOMIT. Tête à dr. R. CON-
CORDIA AVGVST. Paon. AR. *Belle.*

409 **Nerva.** IMP. NERVA, etc. Tête laurée à dr. R. CONCORDIA.
EXERCITVVM. Deux mains tenant une enseigne militaire. Or.
*Très-belle.*

410 — R. LIBERTAS, etc. — SALVS, etc. — CONCORDIA, 2 var.
AR. 4 ps. *Très-belles.*

411 ΚΑΙΣ ΣΕΒ. AVT NEPOVAE. Tête laurée à dr. R.
ΕΤΟΥΣ ΝΕΟΥ ΙΕ ΙΡΟΥ. Aigle. (Médaille d'argent frappée
à Alexandrie). *Très-belle.*

412 — R. LIBERTAS PVBLICA. G. B. — R. L'Équité. — La Fortune. M. B. 3 ps.

413 **Trajan.** IMP. CAES. NER. TRAIANN., etc. Tête laurée. R.
PARTHICO. P. M. TR. COS VI. P. P. S. P. Q. R. Tête du soleil. Or,
à fl. de coin.

414 — Tête laurée à dr. R. DHMARPX ΕΞ ΥΠΑΤΟS. Trois
enseignes militaires. AR. Médaillon.

415 — R. DANVVIVS, etc. Le Danube couché. — S. P. Q. R., etc.
AR. 2 ps. à fleur de coin.

416 — R. DACICVS, etc. — La Fortune assise. — Trois enseignes militaires, etc. AR. 5 ps. *Très-belles.*

417 — ALIM. ITAL., etc. — VIA. TRAIANA, etc. — DAC. CAP. AR.
7 ps. *Belles.*

418 — R. REGNA. AD., etc. L'empereur assis sur une estrade,
distribuant des largesses. G. B. 2 ps.

419 — R. S. P. Q. R. OPTIMO, etc. Cérès debout. — TR., etc. La
Fortune assise. G. B. 2 ps. *Belles.*

420 — R. SENATVS. POPVLVS, etc. — FELICITAS. — L'empereur
debout ; à ses pieds, deux fleuves et une femme couchée.
G. B. 3 ps.

421 — R. S. P. Q. R., etc. Figure militaire debout tenant une
Victoire. M. B. *Très-beau.*

422 — R. COS III. Pégase. — s. c. Pégase. — L'empereur à
cheval. M. B. 8 ps. variées.

123 — R̥. s. c. Dans une couronne, etc. — s. c. Hercule debout. P. B. 2 ps.

424 **Plotine.** IMP. TRAIANI. PLOTINA. AVG. Tête diadémée à dr. R̥. CAES. AVG. GERMA. DAC. COS. VI. PP. Vesta assise tenant le palladium. AR. *Très-belle.*

425 **Marciana.** DIVA. AVGVSTA. MARCIANA. Tête diadémée à dr. R̥. CONSECRATIO. Aigle. AR. *Belle.*

426 **Hadrien.** HADRIANVS, etc. Tête laurée à dr. R̥. COS. III, etc. L'empereur à cheval. Or. Fl. de coin

427 — Tête nue. R̥. ADVENTVI. AVG. ITALIAE. Hadrien et le Soleil debout devant un autel. Or. *Belle.*

428 — R̥. ALEXANDRIA. — MONETA AVG. — Rome assise. Figure militaire debout. AR. 4 ps. *Très-belles.*

429 — R̥. LIBERALITAS. AVG. L'empereur assis sur une estrade. etc. AR. 3 ps. variées. *Belles.*

430 — R̥. NILVS. 2 var. — HISPANIA. — AFRICA. — AEGYPTOS. — AR. 5 ps. *Belles.*

431 — R̥. RESTITVTORI. GALLIAE. — HISPANIAE. — AFRICAE. AR. 5 ps. variées. *Belles.*

432 — R̥. La Providence. — La Clémence. — La Justice, etc. AR. 18 ps. rares et variées.

433 — Tête laurée. R̥. P. M. T. R., etc. Victoire assise. AR. Quinaire. *Beau.*

434 — Tête laurée. R̥. DACIA. La Province assise. G. B. *Très-beau.*

435 — Tête laurée à g. R̥. FELICITAS. AVG. COS. III. P. P. S. C. Galère. G. B. *Très-beau.*

436 — Tête laurée. R̥. PONT. MAX , etc. L'empereur et plusieurs figures assis sur une estrade. G. B. *Très-beau et fin, mais sans patine.*

437 — R̥. COS III. S. C. Galère. — PIETAS. AVGVSTI, etc. M. B. COS. III. S. C. Trois enseignes militaires. P. B. 3 ps. *Très-belles.*

438 — R̥. Jupiter assis. — Mars debout. — Fleuve couché· (Alexandrie, Égypte). 4 ps. Potin. *Très-belles.*

439 **Sabine,** Tête diadémée. R̥. PVDICITIA. — Sans légende. Cérès assise. AR. 2 ps. Fleur de coin.

440 — Tête voilée. R̥. PIETATI. AVG. Autel. — VENERI. GENETRICI. La Concorde assise. AR. 3 ps. *Belles.*

441 — ℞. PIETAS. S. C., etc. *Beau.* — Cérèse assise, G. B.
2 ps.

442 — Tête à dr. ℞. PVDICITIA. — Tête à g. ℞. CONCORDIA.
AVG., etc. M. B. 2 ps. *Belles*, dont l'une provient de la collection Ramsay.

443 — Tête diadémée. ℞. Rome assise. M. B. *Beau.*

444 — **Ælius.** ℞. TR. POT. COS. II, etc. La Fortune debout.
AR. Fleur de coin.

445 — ℞. CONCORD., etc. Concorde assise. — Figure sacrifiant.
2 ps. *Belles.*

446 — L. AELIVS CAESAR, etc. Tête nue à g. ℞. CONCORDIA.
Ælius et Antonin se donnant la main ; entre eux, la Concorde debout. Médaillon de bronze inédit. (Onze lignes,
selon l'échelle de Mionnet.) Il a été trouvé dans la Saône,
à Lyon, en 1845. *Très-beau et patiné.*

447 ℞. TRPOT, etc. l'Espérance. — PANNONIA, etc.; la Province
debout. GB. 2 ps. *Belles.* — L'Espérance. MB.

448 **Antonin.** ANTONINVS. Tête à dr. ℞. TR. POT. COS IIII. Rome.
— Nicéphore assise. Or. Fl. de coin.

449 ℞. Tête de Marc-Aurèle, etc. — L'Abondance. — TRANQ, etc.
AR. 3 ps. *Très-belles.*

450 — ℞. Jupiter assis. — Bûcher. — Aigle, etc. AR. 17 ps,
toutes variées. *Belles.*

451 — DIVO, etc. Tête nue. ℞. CONSECRATIO. S. C. Bûcher GB.
*Très-beau.*

452 — ℞. DIVO. PIO. S. C. Colonne. — LIBERALITAS. AVGV. S. C. la
Libéralité debout. GB. 2 ps. *Belles.*

453 — Tête laurée d'Antonin. ℞. AVRELIVS, etc. Tête jeune de
Marc-Aurèle. GB. *Très-beau.*

454 — Tête laurée, etc. ℞. ANNONA. AVG. COS. IIII. — La Félicité
debout. GB. 2 ps. *Belles.*

455 ℞. TR. POT. COS. III., etc. Mars dans les airs ; à terre, Rhéa
endormie. — Éléphant, etc. MB. 2 ps. *Belles.*

456 — ℞. IMPERAT, etc. Sanglier sous un arbre. — Rémus et
Romulus, etc. — PRIMI DECENNALES, etc. *Beau.* MB. 3 ps.

457 — **Faustine-Sénior** DIVA, etc. Tête diadémée. ℞. AV-
GVSTA, etc. Femme debout. Or. *Belle.*

458 — ℞. CONCORDIA, etc. — Paon. AR. 4 ps. *Belles.*

459 — DIVA. FAVSTINA. Tête à dr. ℞. CONSECRATIO. S. C. Figure
sacrifiant. GB. *Fin et très-beau.*

460 — Tête voilée, etc. ℞. PIETAS. AVG. GB. ℞. Figure debout.
*Beau.* MB. 2 ps.

461 — Tête casquée. ℞. S. C. Armure. — S. C. Chouette. —
S. C. Trophée. PB. 3 ps. *Très-belles.*

462 **Marc-Aurèle.** Tête nue à dr., etc. ℞. SALVTI. AVG , etc.
Hygiée debout donnant à manger à un serpent. Or. Fl. de
coin.

463 — Tête jeune. ℞. HILARITAS. La joie debout. Or. *Très-belle.*

464 — ℞. COS III. Instruments de sacrifice. — Providence. —
Liberté debout, etc. AR. 5 ps. Fl. de coin.

465 — ℞. Mars debout. — DE GERM., etc. — Captif sous un
trophée. — ARMEN, etc. AR. 7 ps. *Très-belles.*

466 — Tête laurée. ℞. Antonin et Marc-Aurèle debout, etc.
Hygiée donnant à manger à un serpent, etc. GB. 2 ps.
*Belles.*

467 — ℞. L'empereur à cheval suivi par plusieurs soldats, etc.
GB.

468 — ℞. Mars debout. *Beau.* — Victoire dans les airs. *Beau.*
Faustine enlevée sur un paon. GB. 3 ps.

469 ℞. FELICITAS, etc. Galère. *Beau.* — HONOS, etc. — Antonin
et Marc-Aurèle debout, etc. *Beau.* MB. 4 ps.

470 **Faustin-Junior.** FAVSTINA AVG., etc. ℞. CONCORDIA. Paon.
Or. *Très-belle.*

471 — ℞. Junon. — La Pudeur. — Paon, etc. AR. 4 ps. *Très-
belles.*

472 — ℞. SAECVLI. FELICIT. S. C. GB. *Très-beau.*

473 — ℞. Char traîné par deux éléphants. — Cybèle assise entre
deux lions. — Diane dans un bige, etc. — S. C. Femme
debout. GB. 4 ps.

474 — ℞. HILARITAS S. C. — FECVNDITAS. — MB. 2 ps. *Belles.*

475 **Annius-Vérus.** Tête à dr. ℞. S. C. dans une couronne.
P. B. *Très-beau.*

476 **Lucius-Vérus.** L. VERVS. AVG., etc Tête laurée. ℞. T.
R. P. IMP. III. COS II. L'empereur à cheval terrassant un ennemi. Or. *Très-belle.*

477 — ℞. CONSECRATIO. Bûcher. — T. R. P. V. IMP. III. COS II, etc.
AR. 3 ps. *Très-belles.*

478 — Ŗ. CONCOR, etc. s. c. Marc-Aurèle et Vérus debout, etc.
— T. R. POT. VI, etc. VIC. PAR. s. c. G. B. 2 ps. *Belles.*

479 — Ŗ. Galère, etc. — Justice assise. MB. 2 ps.

480 **Lucille**. Ŗ. CONCORDIA. — VENVS VICTRIX. AR. 2 ps.

481 — Ŗ. VENVS. s. c. *Beau.* — La Maternité assise, etc. GB.
2 pièces.

482 **Commode**. Ŗ. L'empereur sur une estrade haranguant
les cohortes. — Jupiter assis, etc. AR. 6 ps, rev. variés.
*Très-belles.*

483 — Tête laurée à dr. Ŗ. VHATOC. Δ. HAT, etc., le mont
Argée (Cesarée en Cappadoce) AR. Petit médaillon fl. de
coin.

484 — AMT. N. AVR. COMO, etc. Tête de Commode recouverte
d'une peau de lion. Ŗ. HERCVLI. ROMANO. AVG. Dans le champ,
carquois, arc et massue. G.B. *Beau.*

485 — Tête laurée, etc. Ŗ. FID. EXERCIT, etc. Type d'allocution.
GB. *Beau.*

486 — Ŗ. L'empereur auprès d'un trépied et un victimaire
assommant un taureau. — Victoire debout. GB. 2 ps.

487 — Tête recouverte d'une peau de lion. Ŗ. HERCVL. ROMAN.
AVGV S. C. ; au centre, une massue ; le tout dans une couronne. MB. *Très-beau.*

488 — Tête jeune. Ŗ. NEIKON, etc. L'Amour sur un dauphin.
PB. *Beau.*

489 **Crispine**. Ŗ. Hygiée donnant à manger à un serpent. GB.
Ŗ. IVNO. LVCINA s. c. Junon debout. MB. *Très-beau.* 2 ps.

490 **Pertinax**. IMP. CAES. P. HELV. PERTINAX. Tête laurée.
Ŗ. LAETITIA. TEMPOR. COS II. Femme debout. Or. *Très-belle.*

491 — IMP. CAES. P. HELV. PERTINAX. AVG. Tête laurée de Pertinax.
Ŗ. PROVIDENTIAE DEORVM. COS. II. S. C. Femme debout : un
astre. GB. Un des plus beaux exemplaires connus.

492 **Dide-Julien**. CAES. DID. IVLIAN. AVG. — Tête laurée.
Ŗ. CONCORD. MILIT. La Concorde debout entre deux enseignes
militaires AR. *Belle.*

493 — IMP. CAES. M. DID, etc. Tête laurée. Ŗ. P. M. TR. P. COS. S. C.
La Fortune. GB. *Beau.*

494 — Même légende. Tête radiée. Ŗ. Le même. MB. *Très-
beau.*

495 **Manlia-Scantilla**. MANL. SCANTILLA. AVG. — Tête à dr.
Ŗ. IVNO. REGINA. Junon, etc. AR. *Très-belle.*

496 — Tête nue. Junon debout; à ses pieds, un paon. S. C.
GB.

497 **Didia-Clara**. DIDIA. CLARA. AVG. Tête à dr. Ŗ. HILAR TEM-
POR. Femme debout. AR. *Très-belle.*

498 **Pescennius-Niger**. IMP. CAES. PESC. NIGER. IVS. AVG. Tête
laurée. Ŗ. VICTORIA. AVG. Victoire debout écrivant sur un
bouclier attaché sur un trophée. AR. Pièce inédite et à fl.
de coin.

499 **Albin**. IMP, etc. Tête laurée. Ŗ. GEN. LVG. COS. II. Génie
nu, etc. — VIC. AVG. COS. III. Victoire debout.—Deux mains
jointes tenant une enseigne militaire. AR. 3 ps. *Très-
belles.*

500 — D. CLOD. SEPT. ALBINVS CAES. Tête nue. Ŗ. FELICITAS COS II,
S. C. La Justice debout. GB. *Très-beau.*

501 — Même tête. Ŗ. Figure tenant un caducée. GB., patiné
d'un vert de jaspe; les bords de la pièce ont un peu
souffert.

502 Tête nue. Ŗ. FELICITAS. COS. II. — La Félicité debout. MB.
*Très-beau.*

503 **Septime-Sévère**. SEVERVS. PIVS. AVG., etc. Tête laurée.
Ŗ. VICTORIA. PARTHICA. MAXIMA. Victoire à g. Or. Fleur de
coin.

504 — Ŗ. AFRICA. Fleuve couché. — Cybèle assise sur un lion.
AR. 2 ps. Fleur de coin.

505 — Ŗ. ADVENT. AVGG. L'empereur à cheval et un soldat. —
PROFECT, etc. L'empereur à cheval AR. 2 ps. *Très-belles.*

506 — Ŗ. VICTORIAE AVGG. Victoire dans un bige. AR. Fleur de
coin.

507 — Ŗ. Rome assise. — Victoire, etc. — L'empereur tenant
une victime et une lance. AR. 4 ps. *Très-belles.*

508 — L. SEPT. SEVERVS. PIVS. AVG. Tête laurée. Ŗ. P. M. TR, etc.
L'empereur et son fils sacrifiant près d'un autel. GB. *Très-
beau.*

509 — Ŗ. Aigle romaine entre deux enseignes militaires. —
PM. TR., etc. La Fortune, etc. GB. 2 ps. *Belles.*

510 **Julia-Domna**. Ŗ. VENVS. GENETRIX., etc. AR. Grand
module.

511 — ℞. MATER. DEVM. — SAECVLI FELICITAS. — AR. 6 ps revers
variés. *Très-belles.*

512 — ℞. VESTA. S. C. Quatre femmes sacrifiant devant un
temple de Vesta. MB. *Très-beau.*

513 — Julia-Domna, Caracalla et Geta. IVLIA. AVGVSTA., etc.
℞. AETERNI IMPERI. Têtes de Caracalla et de Geta en regard.
AR. *Très-belle.*

514 **Caracalla.** ℞. VIC. PART, etc. Victoire écrivant sur un
bouclier devant un trophée. — VENVS VICTRIX. — Jupiter
debout, etc. AR. Grand module. 3 ps. *Belles.*

515 — ℞. L'empereur debout et trois fleuves couchés, etc. —
Trophée entre deux captifs.—Pontife tenant un rameau, etc.
— La Fortune debout, etc. AR. 5 ps. Fleur de coin.

516 — ℞. L'empereur à cheval. — Galère, etc. — L'Indul-
gence assise, etc. AR. Revers variés. 12 ps. *Belles.*

517 — Tête laurée. — ℞. P. M. TR. P., etc. S. C. Femme debout.
— PROVIDENTIAE. DEORVM. S. C., etc. GB. 2 ps. *Belles.*

513 — ℞. P. M. TR. P. XX. COS. III. PP. Jupiter assis. MB. *Beau.*

519 **Plautille.** ℞. VENVS VICTRIX, etc. —Caracalla et Plautille
debout. — CONCORDIA AVGG., etc. AR. 3 ps. *Belles.*

520 — ℞. PIETAS AVGG. S. C. La Piété debout. M. B.

521 **Géta.** ℞. CASTOR. Un des Dioscures debout tenant un cheval. —La Sécurité assise. — La Félicité. — L'Empereur
debout, etc. AR. 2 variétés. 5 ps. Fleur de coin.

522 — PONTIF TR. P. II. COS. II. S. C. Pontife debout; à ses pieds
deux enfants. M. B. *Beau.*

523. — Tête laurée, etc. ℞. Aigle, etc. (Médaillon d'argent
frappé à Antioche.) *Beau.*

524 **Macrin.** ℞. IOVI. CONSERVATORI. Jupiter debout. AR. Fleur
de coin.

525 — ℞. La Providence debout, etc. —ANNON. AVG., etc. —
La Félicité debout entre deux enseignes militaires. AR.
3 ps. *Belles.*

526 — Tête laurée. ℞. IOVI. CONSERVATORI. S. C. Jupiter. G. B.
*Beau.*

527 **Diaduménien.** ℞. PRINC. IVVENTVTIS. L'empereur entre
trois enseignes militaires. AR. *Très-belle.*

528 — ℞. SPES. PVBLICA. L'Espérance marchant. AR. *Belle.*

529 — M. OPEL. ANTONINVS. DIADVMENIANVS. CAES. Tête nue.
R. PRINC. IVVENTVTIS. L'empereur debout entre trois enseignes militaires. G. B. *Très-beau.*

530 — Même tête et même revers. M. B. *Beau.*

531 **Elagabale.** R. VICTOR. ANTONINI. AVG. — SALVS. ANTONINI.
AVG., etc. AR. Grand module. 3 ps.

532 — R. LIBERTAS. AVG. — LAETITIA. PVBL., — etc. AR. 8 ps.
*Belles.*

533 — Tête laurée. R. P. M. TR. P. III. COS. IIII. P. S. C. L'empereur assis sur une chaise curule. G. B. *Beau.*

534 — R. PAX. AVGVSTI. S. C. — Jupiter debout, etc. G. B.
2 ps.

535 — R. PONTIF. MAX. T. R. P. II. COS. II. P. P. S. C. L'empereur
dans un quadrige, couronné par la Victoire. M. B. *Très-
beau.*

536 **Julia-Paula.** R. CONCORDIA, etc. AR. 2 ps. Fleur de
coin.

537 — IVLIA. PAVL. AVG. Tête à dr. R. CONCORDIA. La Concorde
assise ; étoile G. B.

538 — R. CONCORDIA. AETERNA. Elagabale et J. Paula se donnant la main ; au milieu la Concorde. M. B. *Très-beau.*

539 **Aquilia-Severa.** R. CONCORDIA. La Concorde sacrifiant
près d'un autel. AR.

540 — R. CONCORDIA. S. C. Femme sacrifiant. M. B. *Très-
beau.*

541 **Julia-Soaemias.** R. VENVS. CAELESTIS — IVNO. REGINA
AR. 2 ps. *Belles.*

542 — IVLIA. SOAEMIAS. AVG., etc. R. VENVS. CAELESTIS. S. C. Vénus, étoile. M. B. *Très-beau.*

543 **Julia-Maesa.** R. PIETAS. AVG. La Piété sacrifiant. Grand
module. — Figure sacrifiant. AR. 2 ps.

544 **Sévère-Alexandre.** IMP. SEV. ALEXAND. AVG. Tête laurée. R. VIRTVS AVG. Figure militaire marchant. Or, fleur de
coin.

545 — R. Mars marchant. AR. Revers variés. 5 ps.

546 — Tête laurée. R. Mars marchant. — Victoire écrivant
sur un bouclier. — L'empereur à cheval précédé par une
Victoire. G. B. 4 ps.

547 — R. L'empereur dans un quadrige, etc. M. B. *Très-beau.*

548 — Tête laurée. R. LI., etc. Le buste d'Isis à dr. G. B.

549 — R. IIIEMIITON. Pontife debout. — LIΔ. Romulus et Rémus allaités par une louve. P. B. **2** ps. (Alexandrie, Égypte.)

550 **Sévère-Alexandre** et **J. Mamea.** IMP. SEVERVS. ALEXANDER. AVG. IVLIA. MAMEA. AV. MATER. Têtes affrontées de Sévère-Alexandre et de J. Mamea. R. ROMAE AETERNAE. L'empereur en toge sacrifiant devant un temple, en présence de cinq personnages, etc. Médaillon de bronze. *Beau.*

551 **Orbiana.** R. CONCORDIA. AVG. La Concorde assise. AR. Fleur de coin.

552 — SALL. BARBIA. ORBIANA. AVG. Tête à dr. R. CONCORDIA. AVGVSTORVM. La Concorde assise. G. B. *Très-beau.*

553 **J. Mamea.** R. Junon, etc. — FELICITAS, etc. AR. **2** ps. *Belles.*

554 — R. FELICITAS PVBLICA. La Félicité s'appuyant sur une colonne. G. B. et M. B. 2 ps. *Très-belles.*

555 **Maximinus I.** R. PAX. AVGVSTI. — PROVIDENTIA. AVG. — P. M. TR. PP. P. AR. 4 ps, Fleur de coin.

556 — R. VICTORIA. GERMANICA. S. C. — PROVIDENTIA. AVG. S. C. — VICTORIA. AVG. G. B. 3 ps. *Très-belles.*

557 — R. VICTORIA. AVG. S. C. — PAX. AVGVSTI. S. C. M. B. **2** ps. *Très-belles.*

558 — R. LΔ. Fleuve couché. — L. B., etc. L'Abondance assise. — LΓ., etc. (Alexandrie, Égypte). 3 potins.

559 **Pauline.** DIVA. PAVLINA, etc. Tête à dr. R. CONSECRATIO. Pauline dans un bige. G. B. *Beau.*

560 **Maxime.** R. PRINC. IVVENTVTIS. L'empereur; derrière lui deux enseignes militaires. AR. *Belle.*

561 — R. PIETAS. AVG. Instruments de sacrifice. AR. *Belle.*

562 — R. PRINCIPI IVVENTVTIS S. C. — PIETAS. AVG. Instruments de sacrifice. G. B. et M. B. 3 ps. *Belles.*

563 **Gordien d'Afrique père.** IMP. M. ANT. GORDIANVS. AFR. AVG. Tête laurée. R. ROMAE. AETERNAE. Rome Nicéphore assise. AR. *Très-belle.*

564 — Même légende et même tête. ℞. VICTORIA. AVGG. S. C. Victoire marchant. G. B. *Très-beau.* (Pièce trouvée, dit-on, en Afrique.)

565 **Gordien d'Afrique fils.** IMP., etc. Tête jeune laurée. ℞. PROVIDENTIA. AVGG. La Providence s'appuyant sur une colonne. AR. Fleur de coin.

566 **Balbin.** Tête radiée, etc. ℞. CONCORDIA. AVGG. — PIETAS. MVTVA. AVGG. Deux mains jointes. AR. 2 ps. Fleur de coin.

567 — Tête laurée. ℞. PROVIDENTIA. DEORVM. La Providence debout. AR. Petit module. Fleur de coin.

568 — Tête laurée. ℞. Le même. G. B. *Très-beau.*

569 — ℞. CONCORDIA. AVGG. S. C. La Concorde assise. P. B. *Beau.*

570 **Pupien.** Tête radiée. ℞. CARITAS. MVTVA. AVGG. — PATRES. SENATVS. Deux mains jointes. AR. 2 ps. Fleur de coin.

571 — Tête laurée. ℞. PAX. PVBLICA. La Paix assise. AR. Petit module. *Très-belle.*

572 — Tête laurée. ℞. LIBERALITAS. AVGVSTORVM. Plusieurs figures assises sur une estrade et d'autres debout. G. B. *Beau.*

573 — ℞. LIBERALITAS. AVGVSTORVM, etc. G. B.

574 **Gordien III.** IMP. CAES. GORDIANVS. PIVS. AVG. Tête laurée. ℞. AEQVITAS. AVG. L'Équité debout. Or. Fleur de coin.

575 — Même type. ℞. L'empereur à cheval, etc. — DIANA LVCIFERA. Hygiée donnant à manger à un serpent, etc. AR. Petit module. 4 ps. *Belles.*

576 — Tête radiée. ℞. Jupiter. — Victoire. — La Providence. AR. 3 ps.

577 — M. ANT. GORDIANVS. CAES. Tête nue. ℞. PIETAS. AVGG. Instruments de sacrifice. G. B. *Beau.*

578 — Tête laurée. ℞. ABVNDANTIA. AVG. — FORTVNA. REDVX. — FELICIT TEMPOR. G. B. 3 ps. *Très-belles.*

579 — ℞. LE. Fortune debout. — L. Z. Aigle. (Alexandrie, Égypte.) 2 potins.

580 — IMP. CAES. GORDIANVS. AVG. Tête laurée. ℞. ANTIOCHIA. COLONIA CAESARIS dans le champ. SR. ANTIOCH COLONIA séparé par S. et R. Beau médaillon de bronze frappé à Antioche.

581 **Tranquilline**. ΦΟΥΡΙΑ. CAB. ΤΡΑΝΚΥΛΛΙΝΑ. CEB. Tête de Tranquilline. ℞. CAMIΩN. Figure debout tenant une lance ; devant lui, un sanglier. (Samos, Jonie.) G. B. *Très-beau.*

582 — Tête laurée, etc. ℞. CMZPNAIΩN, etc. Hercule debout (Smyrne, Jonie.) M. B.

583 **Philippe père**. ℞. Lion. — L'empereur à cheval. — Quatre enseignes militaires, etc. AR. 8 ps.

584 — ℞. PAX. FVNDATA. CVM. PERSIS, etc. AR. 2 ps. *Belles.*

585 — ℞. ADVENTVS. AGG. L'empereur à cheval. — Lion. — Quatre enseignes militaires, etc. G. B. 4 ps. *Belles.*

586 — ℞. LA. Aigle. (Alexandrie, Egypte). Potin.

587 **Otacilia-Severa**. ℞. Hippopotame. AR. *Belle.*

588 — ℞. CONCORDIA. AVGG. La Concorde assise. G. B. 2 ps. variées. *Très-belles.* Une pièce semblable, un peu plus belle, a été vendue 425 francs à la vente de M. Promber.

589 — ℞. PIETAS. AVGVSTAE. S. C. — MILLIARIVM. SAECVLVM. S. C. Cippe. G. B. et M. B. 2 ps. *Belles.*

590 **Philippe fils**. PRINCIPI IVVENT., etc. AR. 2 ps. *Belles.*

591 — M. IVL. PHILIPPVS. CAES. Tête nue. ℞. PRINCIPI. IVVENTVTIS. L'empereur debout tenant une lance et un globe. G. B. *Très-beau, d'une patine verte transparente.*

592 — Tête laurée. ℞. LIBERALITAS. AVGG. III. S. C., etc. — PAX. AETERNAE. S. C. L'Eternité debout. G. B. 2 ps. *Belles.*

593 **Trajan-Dèce**. ℞. DACIA. — PANNONIAE, etc. AR. 4 ps. Fleur de coin.

594 — Tête laurée. ℞. DACIA. — GENIVS, etc. Génie debout. M. B. 2 ps. *Belles.*

595 — ℞. S. C. Figure militaire. P. B. — Un potin d'Alexandrie. 2 ps. *Belles.*

596 **Etruscille**. ℞. PVDICITIA. AVG., etc. — Hippopotame. AR. 2 ps.

597 — ℞. PVDICITIA. AVG. S. C. La Pudeur assise. G. B. et M. B. 2 ps. *Très-belles.*

598 **Herennius-Etruscus**. ℞. MARS. PROPVG. — CONCORDIA. AVG. — PIETAS. AVGVSTA. — Mercure debout, etc. BR. 4 ps.

599 — ℞. PRINCIPI, etc. L'empereur debout. S. C. G. B. *Beau.*

**600** — ℞. PIETAS. AVG. Mercure debout. M. B.

**601 Hostilien.** ℞. MARS PROPVG, etc. AR. *Très-belle.*

**602** — ℞. PRINCIPI. IVVENTVTIS. S. C. L'empereur debout. G. B. *Très-beau.*

**603** — ℞. PRINCIPI. IVVENTVTIS. S. C. Mercure assis. M. B. *Très-beau.*

**604 Trébonien-Galle.** ℞. ANNONA. AVGG., etc. AR. 2 ps.

**605** — Tête laurée. ℞. PIETAS. AVGG.. — APOLL. SALVTARI. G. B. 2 ps.

**606 Volusien.** ℞. FELICITAS. PVBLICA. S. C. G. B. *Très-beau.*

**607 Aemilien.** ℞. DIANAE. VICTRICI. — HERCVLI. VICTORI. AR. 2 ps. *Belles.*

**608** — IMP. CAE... MILIANVS. P. F. AVG. Tête laurée. ℞. VOTIS. DECENNALIBVS. S. C. Dans une couronne de laurier. G. B. *Très-beau*

**609 Cornelia-Supera.** C. CORNEL. SVPERA. AVG. Tête à dr. ℞. VESTA. Vesta debout. AR. Pièce à fleur de coin, provenant de la collection Herpin.

**610 Valérien.** ℞. CONSECRATIO. Bûcher, etc. AR. 2 ps.

**611** — ℞. VICTORIA. AVG. S. C. Victoire debout à g. G. B.

**612 Mariniana.** ℞. CONSECRATIO. Paon, etc. — Paon enlevant l'impératrice. AR. 2 ps. *Belles.*

**613 Gallien.** ℞. LEG. I. ADI. VI, P. VI. F. — LEG. XIII. — LEG. I. MIN., etc. Revers variés. 10 ps. Billon.

**614** — DIVO. AVGVSTO. — DIVO. PIO. — DIVO. VESPASIANO. — DIVO. TITO. — DIVO. NERVA. — DIVO. TRAIANO. — DIVO. HADRIANO. — DIVO. COMMODO. — DIVO SEVERO. — DIVO. ALEXANDRO. Tête radiée. ℞. CONSECRATIO. (Restitutions de Gallien). AR. 10 ps. *Très-belles.*

**615** — Tête laurée. ℞. CONCORDIA. EXERCIT. S. C. G. B. — VIRTVS, etc. S. C. M. B. *Très-beau.* 2 ps.

**616 Salonine.** ℞. CERERI. AVG. — PIETAS. AVGG. AR. 2 ps. *Très-belles.*

**617** — CORNEL. SALONINA, etc. ℞. Junon debout. G. B. *Beau.*

**618** — ℞. VENVS. GENETRIX. S. C. Vénus debout. M. B. *Très-beau.*

**619 Salonin.** ℞. CONSECRATIO. — IOVI. CRESCENTI. AR. 2 ps.

**620 Postume.** IMP. C. POSTVMVS. P. F. AVG. Tête laurée. ℞. VICTORIA. AVG. Victoire dans un bige. Or. Fleur de coin.

621 — POSTVMVS. AVG. Tête casquée à g. R̸. PROVIDENTIA. AVG. La Providence s'appuyant sur une colonne, à ses pieds un globe. Or. Fleur de coin.

622 — Quatre billons. — R̸. Proue de vaisseau. G. B. — Un M. B. 6 ps. *Belles.*

623 **Laelien.** R̸. VICTORIA. AVG. P. B. *Beau.*

624 **Victorin Senior.** 7 P. B. — Marius. 2 P. B. — Tetricus Senior et Junior. 6 P. B. 13 ps. *Belles.*

625 **Macrien.** R̸. INDVLGENTIAE. AVG. P. B. *Beau.*

626 **Claude le Gothique.** 12 P. B. — Quintille. 1 P. B. — Aurélien. 1 M. B. et 8 P. B. — Sévérine. 1 M. B. et 3 P. B. 26 ps. *Très-belles.*

627 **Vabalathe.** Tête à dr. R̸. IMP. C. AVRELIANVS. AVG. Tête radiée d'Aurélien. P. B. *Très-beau.* — Même pièce (Alexandrie, Égypte).

628 **Tacite.** 5 P. B. Florien. 3 P. B. 8 ps. *Très-belles*

629 **Probus.** IMP. PROBVS. P. F. AVG. Buste de Probus avec bouclier et lance. R̸. MONETA. AVG. Les trois monnaies debout. Médaillon en bronze. *Très-beau.*

630 — PROBVS. P. F. AVG. Tête laurée. R̸. FIDES. MILITVM. Femme debout entre deux enseignes militaires. Petit médaillon de bronze.

631 — Dix. P. B. — R̸. VICTORIA, etc. Quinaire 11 ps. Fleur de coin.

632 **Carus.** IMP. C. M. VR. CARVS. P. F. AVG. Tête doublement radiée. R̸. ABVNDANTIA. AVG. Galère, à l'exergue X. E. T. I. Petit bronze ou petit médaillon à fleur de coin, non décrit dans Mionnet.

633 — Deux P. B. R̸. GENIVS EXERC. Génie dans un temple. — OVN. 3 ps.

634 **Numérien.** Quatre P. B. — Carinus un P. B. 5 ps. Fleur de coin.

635 **Magnia-Urbica.** R̸. VENVS. VICTRIX. P. B. *Beau.*

636 **Nigrinien.** DIVO NIGRINIANO, etc. Tête radiée. R̸. CONSECRATIO. Aigle, à l'exergue, KAN. P. B. *Très-beau.*

637 **Dioclétien.** IMP. C. C. VAL. DIOCLETIANVS. P. F. AVG. Tête laurée. R̸. MARS. VICTOR. Mars debout. Or. *Très-belle.*

638 — R̸. VIRTVS. MILITVM. — VICTORIA. SARMAT. *Belle.* — XC. VI. T. Dans une couronne. AR. 3 ps.

689 — Quatre M. B. — Quatre P. B. 8 ps. Fleur de coin.

640 **Maximien-Hercule**. Tête radiée. ℞. VIRTVS. MILITVM. Castre, à l'exergue. B. S. AR. Fleur de coin.

641 — ℞. VIRTVS. MILITVM. Castre prétorienne. AR. 2 ps. Fleur de coin.

642 — Quatre M. B. et trois P. B. dont un avec la tête de Maximien, recouverte d'une peau de lion.

643 **Carausius**. ℞, PAX. AVG. B. E. La Paix, à l'exergue. M. LXXI. — La Justice debout, etc. P. B. 2 ps. *Très-belles*.

644 **Allectus**. ℞. LAETITIA. AVG. S. A M. L., etc. — VIRTVS. AVG. Q. C. Galère. P. B. 2 ps. *Belles*.

645 **Domitius-Domitianus**. IMP. C. L. DOMITIVS. DOMITIANVS. AVG. Tête laurée. ℞. GENIO. POPVLI. ROMANI. Le Génie du peuple romain debout, à ses pieds un aigle, à l'exergue ALV. M. B. *Très-beau*.

646 **Constance-Chlore**. ℞. VIRTVS. MILITVM. Castre, etc. AR. *Belle*. — Quatre M. B. *Très-beau*.

647 **Hélène**. Deux P. B. — Théodora, un quinaire. *Beau*. — Gal. Maximianus. Sept M. B. 10 ps.

648 **Valéria**. ℞. VENERI, etc., à l'exergue S. M. T. — M. L. E. M. B. 2 ps. *Très-sbelles*.

549 **Sévère II**. Tête laurée à dr. ℞. GENIO. POPVLI. ROMANI. Le Génie de Rome debout, à l'exergue K. B. — P. L. C. — Maximin-Daza. M. B. et P. B. 4 ps.

650 **Maxence**. ℞. AETERNITAS, etc. Temple. M. B. 4 ps.

651 **Romulus**. DIVO. ROMVLO. NVBIS. CONS. Tête nue. ℞. AETERN., etc. Temple, à l'exergue MOSTRE. M. B. *Très-beau*. — P. B. *Beau*. 2 ps.

652 — IMP. MAXIMVS, etc. Tête nue. ℞. Le même. M. B. *Beau*.

653 **Licinius père**. Quatre P. B. — Licinius fils. Deux P. B. 6 ps. *Très-belles*.

654 **Constantin I**er**, le Grand**. CONSTANTINVS. P. F. AVG., etc. ℞. ADVENTVS. AVGVSTI. N. L'empereur à cheval, à l'exergue A. Q. (Aquilée). Or. Fleur de coin.

655 — Tête laurée. ℞. VIRTVS MILITVM. Castre, à l'exergue P. T. R. AR. Fleur de coin.

656 — Cinq M. B. — Vingt-cinq. P. B. et cinq quinaires. 35 ps. *Belles*.

657 **Fausta.** Trois P. B. — Crispus, six P. B, 9 ps. *Très-belles.*

658 **Delmatius.** ℞. GLORIA. EXERCITVS, etc. P. B. 2 ps. *Très-belles.*

659 **Hannibalien.** F. L. HANNIBALLIANVS. Tête nue à dr. ℞. SECVRITAS. REIPVBLICAE, à l'exergue CONS. Fleuve couché. P. B.

660 **Constantin II.** Neuf P. B. — Constant I. Six P. B. 15 ps. Fleur de coin.

661 **Vétranio.** ℞. L'empereur couronné par une Victoire. M. B. *Beau.*

662 — ℞. L'empereur entre deux enseignes militaires. M. B.

663 — ℞. GLORIA, etc. L'empereur tenant une enseigne militaire de la main droite. P. B. *Beau.*

664 **Magnence.** D. N. MAGNENTIVS. AVG., etc. ℞. VIRTVS EXER-CITI. Figure militaire debout tenant une lance et un bouclier. AR. Fleur de coin.

665 — ℞. Monog. du Christ; à l'exer. A MB. Petit médaillon et trois P. B.

666 **Décence.** Deux P. B. — Constance. Galle. Deux P. B.

667 **Julien II l'Apostat.** FL. CL. IVLIANVS. P. F. AVG. Tête barbue diadémée. ℞. VIRTVS, etc. Soldat traînant un captif. A l'exer. ANTI. Or.

668 — VOTX. MVLTXX., etc., à l'exer. CONST. — A l'exer. LVG. (Lyon). AR. 2 ps.

669 — ℞. SECVRITAS REIPVB., etc. Bœuf Apis; à l'exer. B. SISC. — A l'exer. T CONST. Deux petits médaillons. *Beaux.*

670 — Tête barbue à dr. ℞. VOTX. MVLT XX Dans une couronne, à l'exer. CONT. P. B. — Deux autres P. B.

671 **Jovien.** Tête laurée. ℞. VICTORIA. ROMANORVM. L'empereur tenant une lance et une Victoire; à l'exer. HERACA. Petit médaillon de bronze.

672 **Valentinien I.** ℞. VICTORIA, etc. A l'exer. TRPS. AR.

673 — Un M. B. et deux P. B.

674 **Valens.** Rome assise, etc. — L'empereur debout tenant une enseigne militaire, etc. A l'exer. CONST. AR. 2 ps.

675 **Procope.** D. N. PROCOPIVS. ℞. REPARATIO, etc. Figure militaire debout. P. B.

676 **Gratien.** ℞. Rome assise. A l'exer. TRPS. — Ᵽ. Q. P. S·
AR. 2 ps.

677 **Théodose I.** ℞. VIRTVS ROMANORVM. A l'exer. A Q P S. —
VRBS. ROMA ; à l'exer. T R P S. AR. 2 ps.

678 — ℞. VICTORIA. AVGG. Victoire debout. AR. Quinaire. —
Deux P. B.

679 **Flacille.** ℞. SALVS REIPVBLICAE. A l'exer. SNNA. M. B.
*Beau.*

680 **Magnus-Maximus.** ℞. Rome assise. A l'exer. TRPS.
MOPS. AR. 2 ps. — Un P. B.

681 **Victor.** ℞. Castre prétorienne. A l'exer. MAQS. P. B.

682 **Eugène.** ℞. Rome-Nicéphore assise. A l'exer. TRPS. AR.
*Très-belle.*

683 **Arcadius.** ℞. Figure militaire assise accostée de s. M., etc.
A l'exer. CONOB. Or. *Belle.*

684 — ℞. VRBS. ROMA. A l'exer. TRPS. — VICTORIA. ROMA., etc.
AR. 2 ps.

685 **Honorius.** VICTORIA. ROMANORVM. A l'exer. AVPS. AR.
Quinaire.

686 **Constantin III.** D. N. CONSTANTINVS. Tête à dr. ℞. VIC-
TORIA AAVGGG. L'empereur tenant une Victoire et terrassant
un ennemi, etc. A l'exer. CONOB. Or. *Belle.*

687 **Théodose II.** Buste de face, etc. ℞. Rome-Nicéphore
assise, etc. A l'exer. CONOB. Or. *Belle.*

688 **Jean-Tyran.** D. N. IOHANNES. P. F. AVG. Tête diadémée.
℞. VICTORIA. AVGGG. Figure militaire debout terrassant un
ennemi, etc. Or. *Belle.*

689 **Marcien.** D. N. MARCIANVS, etc. Buste de face. ℞. Victoire
debout. A l'exer. CONOB. Or. *Belle.*

690 **Léon I.** Buste de face, etc. ℞. Victoire debout. Or.

691 **Vérina.** AELIA. VERINA. Tête diadémée. ℞. VICTORIA.
AVG. Victoire debout ayant une croix dans la main dr. A
l'exer. CONOB. Or. *Très-belle.*

692 **Zénon.** ℞. Croix dans une couronne. A l'exer. CONOB.
Or. Quinaire.

693 **Anastase.** D. N. ANASTASIVS, etc. Buste à dr. ℞. Victoire
marchant. Or. Quinaire.

694 **Justinien I.** ℞. Victoire de face. — Victoire marchant.
Or. Quinaire. 2 ps.

695 — ℞. Croix et étoile. — Monog. du Christ. — cn., etc. AR. Quinaire. 3 ps.

696 **Théodoric, roi goth.** ℞. Monog. AR. Quinaire.

697 **Athalaric, roi goth.** DN. ATHALARICVS. REX. Dans une couronne. — Même lég. ℞. Figure militaire debout, etc. P. B. 4 ps.

698 **Phocas.** ΦK. ℞. Tête à dr. AR. Quinaire.

699 **Héraclius.** Tête à dr. ℞. AR. Croix. Quinaire.

700 **Héraclius, Héraclius-Constantin et Héra-cléonas.** Les trois figures debout. ℞. VICTOR, etc. Croix sur un degré. (Saulcy, p. XIII. 7.). Or. *Belle*.

701 **Héraclius-Constantin.** L'empereur de face, etc. ℞. VICTORIA, etc. Croix sur quatre degrés. Or.

702 **Constantin IV. Pogonat.** ℞. VICTORIA. AVG. ; dans le champ, une croix. Or. Quinaire.

703 **Jean-Comnène.** L'empereur debout de face (Saulcy, XXVII. 5.) AR. *Belle*.

704 **Manuel-Comnène.** Buste de face (Saulcy, XXVIII. 4.) AR.

705 **Alexis-Comnène.** ℞. Saint Georges à cheval. AR.

706 **Jean V.** L'empereur de face tenant une croix. ℞. Le Christ de face. AR.

707 — Sous ce numéro seront vendus quelques lots de Byzantines en bronze et de Romaines non cataloguées.

# MONNAIES FRANÇAISES

## MÉDAILLES GAULOISES.

### AQUITAINE.

707. **Epasnactus** (Chef d'Auvergne). EPAD. Buste casqué à dr. ℞. Figure militaire debout. Æ. 2 ps. *Belles*.

708. **Vergasillaunus** (Chef d'Auvergne). VERCA. Buste diadémé à g. ℞. Cheval marchant à g. Æ. *Très-belle*.

709 **Auvergne** (Chef d'). A....MIDV. Tête avec les cheveux bouclés à g. ℞. Cavalier au galop. Æ.

710 — Même tête à dr. .... NDV ... ℞. Cavalier à dr.; au bas .. CAD. Æ. (Ces deux dernières pièces ont été trouvées dans les environs de Clermont.)

711 **Sotiates** (Peuple). Tête de lion à dr. ℞. Cheval à g. AR. Concave. (Revue numism. 1851. PL. 2.) *Belle.*

NARBONNAISE.

712 **Avignon.** Tête jeune laurée à g. ℞. AOYE. Sanglier à g. AR. *Très-belle.*

713 — Tête barbare à g. ℞. Sanglier à g. AR. 2 ps.

714 — Tête jeune à g. ℞. Chèvre à g.; à dr., au bas, une rouelle. AR. 4 ps. variées, dont une portant une légende au-dessus de la chèvre. *Très-belles.*

715 **Vienne.** IVLI. CAESAR. DIVI. Têtes nues adossées de J. César et d'Auguste. ℞. C. I. V. Proue de navire. G.B. *Très-beau et d'un style magnifique.*

716 **Marseille.** Tête de Diane à dr. ℞. ΜΑΣΣΑ. Lion à g.; au bas, des monog. variés. AR. 3 ps. *Belles.*

717 — Même tête à g. ℞. Tête de Diane incuse. AR. 2 ps. *Belles.*

718 — Tête de Diane à dr. ℞. ΜΑΣΣΑ. Lion à dr. A. AR. 2 ps. *Belles.*

719 — Tête d'Apollon. ℞. MA. Dans un aire à quatre rayons. AR.

720 — Tête d'Apollon. ℞. ΜΑΣΣΑΛΙΤΩΝ. Taureau. Æ.

721 — Tête d'Apollon laurée. ℞. ΜΑΣΣΑ. Taureau; monogr. variés. Æ. 4 ps. *Belles, dont une d'une patine verte.*

722 — Tête de Minerve casquée. ℞. MA. Séparé par un trépied. Æ. 2 ps. *Belles.*

723 **Volcæ-Tectosages.** Tête barbare à g. ℞. Croix cantonnée de différents symboles. AR. 3 ps. *Belles.*

724 — Tête à g. ℞. VOL. Cheval à g. AR. *Belle.*

725 — La même, sans légende. 2 ps. *Belles.*

726 **Nîmes.** Tête casquée à dr. ℞. NEM. COL. Personnage debout. Æ.

727 — IMP. DIVI. Têtes adossées d'Auguste et d'Agrippa. ℞. COL. NEM. Crocodile adossé à un palmier, etc. M. B. 3 ps. *Très-belles.*

728 — Deux moitiés de la même pièce qui servaient alors de divisions.

729 **Volcae Arecomici** (Peuple). VOLCAE. Tête de Diane. ℞. ARE. Femme debout devant un palmier. Æ. *Très-belle.*

### LYONNAISE.

730 **Ateula** (Chef). Buste ailé. ℞.. LATOS. Quadrupède à dr. AR.

731 **Lyon**. Tête d'Octavie sous les traits de la Victoire. ℞. LVG. Lion. AR. *Très-belle.*

732 — IMP. CAESAR, etc. Tête laurée ᵣde César adossée à celle d'Auguste, et séparée par un palmier. ℞. COPIA. Proue de navire. G. B. *Très-beau.*

733 — CAESAR. Tête nue de César. ℞. Proue de navire. M. B.

734 — Tête laurée de Tibère. ℞. ROME. AVG. Autel de Lyon. M. B. — P. B. 3 ps. *Très-belles.*

### BELGIQUE.

735 **Coma** (Chef). BR. Tête de Pallas. ℞. COMA. Cavalier armé d'une lance. AR. *Très-belle.*

### INCERTAINES.

736 — Tête virile laurée à dr. ℞. Figure conduisant un bige; dans le champ, un épi. Or. 2. *Très-belle.* (Trouvée à Lyon.)

737 — Tête à dr. ℞. Cavalier à g. tenant un bouclier; au bas, IIIII. Or. 2. *Très-belle.* (Trouvée à Lyon.)

738 — Tête diadémée à dr. ℞. Figure dans ᵣun bige. Or. 3. *Belle.*

739 — Tête diadémée. ℞. Figure conduisant un cheval. Or. 3. *Belle.*

739 *bis.* — LIBERTAS RESTITVIA. Tête laurée barbare à dr. ℞. Un bouclier. AR. (Cette pièce pourrait avoir été frappée par les Germains sous les troubles de Galba.)

740 — Tête à dr. ℞. Cheval; au-dessus, une tête; au bas, une rouelle. AR. *Belle.*

741 — Tête à dr. ℞. Un oiseau en tenant un autre; devant, un serpent. — Un oiseau, etc. Æ. 2 ps. trouvées aux environs de Bourges.

742 — Tête à dr. ℞. Sanglier, rouelle. — Figure à genoux.
℞. Un cheval entre deux points. Æ. 2 ps. trouvées à
Rouen.

743 — Tête barbare à g. ℞. Cavalier. Symboles variés. Deux
médaillons d'argent.

744 — Tête très-barbare. ℞. Cheval libre. Deux médaillons
d'argent.

745 — Vingt-une gauloises en argent; trois en potin. 24 ps.

SECONDE RACE.

746 **Charlemagne**. KORLS. En monog. ℞. ✛ METVLO. en
lég. circulaire; dans le champ, une croix (Melle.)

747 **Louis I**. | HLVDOVVICVS. Croix. ℞. ✛ VENECIAS|, en deux
lignes. (Venise). *Très-belle*.

748 **Pépin d'Aquitaine**. ✛PIPPINVS. REX. Croix. ℞. ✛ AQVI-
TANIA, en deux lignes. Obole.

749 **Charles II**. Frap. à Orléans, Blois et au Mans. 3 ps.
*Très-belles*.

750 **Louis II le Bègue**. MISERICORDIA. D-I. REX. Dans le
champ. LVDOVICVS, en monog. ℞. TVRONES. CIVITAS. Croix.
(Tours.) *Très-belle*.

751 **Charles III**. CARVS. IMPERAT. Croix. ℞. ARELA. CIVI.
Charles en monog. (Arles).

752 **Eudes**. | GRATIA. D-I. REX. Dans le champ. ODO. ✛ ℞.
✛ ANDECAVIS. CIVITAS. Croix. (Angers.) *Très-belle*.

753 **Charles-le-Simple**. *Très-beau* denier frappé à Melle.

754 **Lothaire**. LOTERIVS. REX. Croix. ℞. BITVRIGES. CIVIT.
Temple. (Bourges.)

TROISIÈME RACE.

755 **Philippe I**. PHILIPPVS. ✛ REX. D-I. Dans le champ,
DEXTRA, entourant un portail. ℞. CASTELLVM. STAMPIS; dans
deux des branches de la croix. A. Ω. (Étampes).

756 **Louis VI et Louis VII**. Frap. à Orléans, Étampes,
Mantes et Paris. 4 ps.

757 **Philippe II**. PHILIPVS. REX. Dans le champ. FRANCO.
℞. SEINTHOMER. Croix. (Saint-Omer.)

758 **Philippe III**. PHILIPVS, etc. (Combrouse, p. 61, n. 122).
Gros, tournois. *Beau*.

759 **Louis X**. Étoile. Sous la sixième lettre du mot TVRONVS. Gros. — Tournois. *Beau.*

760 **Charles IV le Bel.** KAROLVS. REX. — Croix. — SIT. NOMEN, etc. R. FRANCORVM. Châtel. Demi-gros. — Tournois.

761 **Philippe VI.** Croix cantonnée de PHIX. R. Châtel surmonté d'une croix et accosté de deux fleurs-de-lis. Obole. *Très-belle.*

762 **Jean II.** FRANCORV. REX, dans le champ, etc. (Leblanc, p. 217, n. 3). Gros blanc.

763 — IOHANNES : DEI : GRA, etc. R. FRANCOR. REX.; dans le champ, trois fleurs-de-lis surmontées d'une couronne. Gros à la couronne. *Très-beau.*

764 — IOHS. FRANCO. REX, en trois lignes dans le champ; autour, MONETA. DVPLEX. ALBA., etc. (Leblanc, p. 217, n. 6). Gros à l'Étoile.

765 **Charles V.** Franc à cheval. La légende du revers est séparée par un petit dauphin.

766 — KROLVS. D. G. F. REX. Croix, en seconde légende. SIT. NOMEN, etc. R. DAPH. VIENES. Châtel. (Leblanc, p. 234, n. 9.) Gros tournois pour le Dauphiné. *Très-beau.*

767 — FRANCORVM. REX. Dans le champ. KROL. Entre une couronne et un dauphin. (Morin, pl. XIII, n. 3). Blanc.

768 — KAROLV. FRANC. REX. Dans le champ, un dauphin surmonté d'une couronne. R. + ET. DALH'S VENESIS. Dans le champ, une croix cantonnée d'une fleur-de-lis. Blanc. *Très-beau.*

769 **Charles VI.** + KAROLVS. FRANCOR. REX. Dans le champ, un grand dauphin. R. ET. DALPH'S. VIENESISIS. Croix cantonnée d'un dauphin et d'une fleur-de-lis. Blanc. *Beau.*

770 **Charles VII.** + KAROLVS, etc. Dans le champ, un grand K surmonté d'une couronne et accosté de deux fleurs-de-lis. R. SIT., etc. Croix. Gros d'argent. *Très-beau.*

771 **Louis XI.** LVDOVICVS. DALPHINVS. VIENENSIS. Écusson rond écartelé de sept fleurs de lis et de deux dauphins. R. XPC., etc. Grande croix fleurdelisée, cantonnée de deux lis et de deux dauphins; écu d'or pour le Dauphiné. *Très-beau.*

772 **Charles VIII.** Frap. à Aquilée. (Leblanc, p. 257, n. 8, 9.) 2 ps. Bronze. *Belles.*

773 — Frap. à Chieti. CAROLVS, etc. Écusson de France.
℞. TEATINA, etc. Croix. 3 ps. variées. Bronze.

774 — Frap. à Salmone. (Leblanc, p. 275, n. 5.)

775 **Louis XII.** Ecu d'or au porc-épic pour la Bretagne.
(Bigot P. XXXVII. 3).

776 — LVDOVICVS, etc. Écu de France; au bas une hermine, etc.
℞. SIT, etc. Croix cantonnée de fleurs-de-lis. *Très-belle*.

777 — Frap. à Asti. LV. D G. FRAN. REX. MLI. D. AC. AST. D. N.
Écusson de France. ℞. S. SECVNDVS. ASTENSIS. Saint Second
à cheval a g., nimbé, armé et portant la ville sur sa main
droite. Teston. *Beau.*

778 — Frap. à Milan. LVDOVICVS. D. G. FRANCORVM. RX. Buste du
roi à dr. ℞. MEDIOLANI. DVX. Saint Ambroise à cheval à dr.,
dessous écusson couronné. Teston. *Très-beau.*

779 — LVDOVICVS, etc. Ecusson de France, accosté de deux
guivres couronnées. ℞. MEDIOLANI, etc. Le pallium. (Leblanc,
p. 263, n. 7). Bissone.

780 — LVDOVIC, etc. Grand L traversant une couronne. ℞. ME-
DIOLANI. DVX. ET. Guivre. Patart (Billon). *Beau.*

781 — Frap. à Naples. LVD. FRAN. REX. CNIO. NAP. R. Fleur de
lys dans le champ. Le roi assis sur un pliant orné de lions.
℞. EXVLTENT. ET. IMELTENTVRONS, etc. Gros. *Beau.*

782 — LVDO. FRAN. REGNO. NEAP. R. dans le champ. Croix de
Sicile fleurdelisée. Dans un des cantonnements de la croix
un aigle. ℞. OFVLICO. MODITAS. Écu de France. Au bas un
aigle. Bronze. *Très-belle.*

783 **François I**er. Un blanc, trois testons, dont un pour le
Dauphiné. 4 ps. *Belles.*

784 **Henri II.** HENRICVS II, etc. Buste lauré et cuirassé. ℞.
SIT., etc. 1554. Teston et demi-teston. Frap. au balancier.
*Très-beau.*

785 HENRICVS II. D. G. FRANCOR. REX. 1552. Tête laurée. ℞. CHRS.
VINCIT, etc. Teston. Frap. au balancier. *Beau.*

786 — HENRICVS II. DEI. G. FRANCOR. REX. Tête laurée. ℞.
CHRS., etc. 1554. Teston. Frap. au balancier.

787 — Testons et demi-testons. 6 ps. Dont une a la tête couronnée.

788 **François II**. FRANCISCVS. D. G. FRANCOR. REX. Buste lauré
à g. R. SACRA. AC. SALVTA. 1529. REMIS. Main tenant la sainte
ampoule. AR. *Très-belle*.

789 **François II et Marie**. FRAN. ET. MA. D. G. RR.
FRANCO, etc. Écusson de France et d'Écosse couronné. R.
VICIT. LEO, etc. 1560. F et M entrelacés, accostés d'une
fleur de lys et d'un chardon couronné. Gros. *Très-beau*.

790. — FRAN. ET. MA. D. G. R. R. FRANCO, etc. Dans le champ,
écusson aux armes de Dauphiné et d'Ecosse. Demi-gros.
AR. *Très-beau*.

791 — Même légende. F et M couronnés, etc. R. IAM. NON. SVNT.
DVO., etc. Quart de gros.

792 **Marie-Stuart**. MARIA. DEL. G. S. C. Armes d'Écosse ac-
costées de M. R. R. IN. VIRTVTE. TVA. LIBERA. ME. Croix. Gros
d'argent. *Très-beau*

793 **Charles IX.** Teston et demi-teston. Frap. à Toulouse.
*Beaux*.

794 — CAROLVS. VIIII. D. G. FRAN. REX. Dans un cercle trian-
gulaire. R. SIT. NOMEN. DNI. BENEDIC. Frap. à Toulouse (M.).
Essai d'argent du double tournois.

795 **Henri III**. Teston avec le titre de roi de Pologne. Frap.
à Bordeaux. *Beau*.

796 **Charles X**, cardinal de Bourbon. Quart d'écu, huitième
d'écu et double tournois.

777 **Henri IV**. Trois beaux testons dont un avec une fleur-
de-lis derrière le buste.

798 — Écusson de France écartelé de six fleurs-de-lis et de
deux dauphins, etc. Quart d'écu pour le Dauphiné. *Beau*.

799 — Double-tournois et denier-tournois pour le Dauphiné.
*Beaux*.

800 — Denier-tournois 1605. Essai en argent. Frap. à Paris.
*Très-beau*.

801 — HENRI II. D. G. REX. NAVARRAE. D. B. Buste de Henri IV
lauré. Au bas une vache. R. GRATIA, etc. 1584. Franc.
*Très-beau*.

802 **Jeanne d'Albret**, mère de Henri IV. Teston pour la
Navarre. 1565. *Beau*.

803 **Louis XIII**. LVDO. XIII. D. G. FR. ET. NA. REX. CHRISTIANIS. Buste enfantin lauré en costume du sacre. ℞. FRANCIS. DATA. MVNERA. COELI. 17 OCTOBRIS 1610. Dans le champ une main tenant la sainte ampoule.

804 — LVDOVICVS XIII. D. G. ET. NAV. REX. Buste drapé et lauré. ℞. SIT., etc. 1641. Croix fleurdelisée. Au centre un L. demi-teston (inédit?). *Beau.*

805 — Testons à la collerette. 1636. 1641. 3 ps.

806 — Écu, demi, quart et huitième d'écu. 1742. (Leblanc, 296). *Très-beaux.*

807 — LVD. XIII. D. G. FRAN. ET. NAVA. REX. Écusson accosté de deux L. ℞. SIT. NOMEN. DNI. BENEDIC. 1625. Croix cantonnée de deux lis et de deux fleurs-de-lis. Pièce d'essai en argent.

808 — LOYS XIII. R. DE. FRAN. ET. NAV. V. Buste enfantin lauré. ℞. DOVBLE TOVRNOIS. 1720. Essai en argent. *Très-beau.*

809 — Même légende et même tête. ℞. DENIER TOVRNOIS. 1620. Essai en argent. *Très-beau.*

810 — Double tournois Frap. a Barcelone. 1642. Bronze.

811 — LVDOVI. 13. D. G. FRAN. EN. Dans le champ, une croix écartelée de deux L couronnés et de deux vaches. ℞. GRATIA. DEI. SVMIDOS. Dans le champ, croix. 1642. Denier. *Très-beau.*

812 **Louis XIV**. Tête juvénile inlaurée, etc. 1663. ℞. IMP., etc. Huit L couronnés. (Bessy-Journet. P. 1. n. 14. Variété). Louis d'or. *Très-beau.*

813 — Même type et même légende. Variété du précédent. Louis d'or. *Très-beau.*

814 — LVD. XIIII. Buste lauré à dr. ℞. D. G. FR. ET. NAV. REX. 1644. Armes de France. Quinze deniers. *Très-beau.*

815 — Buste enfantin aux cheveux longs. (Bessy. P. III, 53.) Demi-écu. *Beau.*

816 — LVD. XIIII, etc. Tête juvénile. Quart d'écu. 1666. — Douze sols. 1668. (Bessy. P. IV, 64. 65.). 2 ps. *Très-belles.*

817 — LVD. XIIII, etc. 2 sols. 1677. (Bessy. P. IV, 74.)

818 — Louis XIIII. Dixième partie de l'écu aux trois couronnes. Dans le champ une vache. (Bessy. P. VI, 10.). *Très-belle.*

819 — Vingtième partie de la même pièce. (Bessy. P. VI, 98.)

820 — LVD., etc. Buste juvénile. ℞. Écusson aux armes de
France, de Navarre et de Béarn. 1674. (Bessy. P. VI, 103.)
*Beau.*

821 — LVD. XIIII, etc. Buste poupard. ℞. Écusson aux armes
de France et de Navarre. (Bessy. P. VI, 110.) Douzième
d'écu.

822 — LVD. XIIII, etc. ℞. SIT., etc. 1685 1/12 d'écu. (*Beau.*) —
1/16 d'écu au même type. 1686. (Bessy. P. VII, 115.).

823 — LVD., etc. ℞. MONETA. NOVA. ARGENTINENSIS. Écusson de
France. 1713. — 1711. 24 sols et 13 sols. (Bessy. P. XI,
190. 191.) 3 ps.

824 — LVD. XIIII, etc. Buste lauré. ℞. BARCINO. CIVI. 1640, etc.
Denier. *Beau.*

825 — A. B. Buste lauré. ℞. BARCINO. CIVI. 1644, etc. (Bessy.
P. XIV, 230.) Demi-denier.

826 — L. 9. D. G. Buste lauré. ℞. BARCINO. CIVI. 1648. (Bessy.
P. XIV, 331.) Quart de denier. *Beau.*

827 — L. XIIII. ROY. DE. FR. ET. DE. NA. 1657. Buste jeune couronné, même revers. (Bessy. P. XIV, 232.) *Très-beau.*

828 — LOY XIIII. Tête jeune laurée. 1649. A. ROY. DE FR. ET DE
NAV. Dans le champ, grand L couronné entre deux fleurs-
de-lis au bas. 3 DENIERS. (Bessy. P. XIV, 236. Variété).
*Très-belle.*

829 — Liard de France. (Bessy. P. XIV, 237.)

830 — Liard de France. — 4 deniers de Strasbourg, (Bessy.
P. XIV, 238. 240.) 2 ps.

831 **Louis XV**. Buste enfantin. Demi-écu. 1716. A l'écusson
rond. *Beau.*

832 — Buste jeune. Demi-écu. 1716. Aux armes de Béarn et de
France. *Beau.*

833 — Buste lauré. ℞. Croix fleurdelisée surmontée de quatre
couronnes séparées par huit L. Écu. 1725. *Très-beau.*

834 — Buste lauré à g. ℞. SIT., etc. 1727. Écu ovale entre
deux branches de laurier. Demi-écu. *Très-beau.*

835 — LVD. XV. D. G. FR. ET. NAV. REX. Tête à g. Cheveux longs
retenus par un bandeau. ℞. SIT NOMEN. DOMINI, etc. 1746
Écusson ovale couronné, entouré de deux branches de
laurier. Dessous A. (Paris). Magnifique essai de l'écu dit
au bandeau.

836 — LVD. XV., etc. Buste lauré à g. ℞. Le même. 1771. Écu. *Beau.*

837 — LVD. XV. D. G., etc. Buste lauré. ℞. ISLES. DV. VENT. 1775. 12 sols.

838 — LVDOVICVS. XV, etc. Tête juvénile à dr. ℞. FRANCIAE. ET. NAVARRAE. REX. 1719. Écusson de France. Sol. Demi-sol. Liard. 3 ps.

839 — LVD. XV. Buste lauré. ℞. FRANCIAE, etc. 1768-66-67. Sol. Demi-sol et liard. *Très-beaux.*

840 **Louis XVI**. LVDOV. XVI. REX. CHRISTIANIS. S. Buste à g. Au bas. IP. DROZ. F. ℞. CHRS. LEGN. VINC. IMPER. 1787. Écusson de France et de Béarn surmonté de la couronne royale supportée par une tête d'ange. Essai en argent de la pièce de 20 francs. *Beau.*

841 — LVD. XVI. D. G. etc. dans le champ. 3 fleurs-de-lis surmontées du soleil. ℞. SIT. etc. Deux L entrelacés; au-dessus, un soleil surmonté d'une couronne. 2 sols. Essai en bronze rouge.

842 — Pondichéry, couronne royale. ℞. 5 fleurs-de-lis. **AR.** 2 ps. — Trois variétés en bronze, dont une porte la date de 1790.

843 — LVD. XVI. etc, Buste à g. ℞. SIT. etc. 1791. Écusson de France ovale, entre deux branches de laurier. Écu. *Très-beau.*

844 — Trois sols de 1791, dont un sur cuivre jaune. *Très-beaux.*

845 LOVIS XVI. ROI, etc. Buste à g. 1791. Type constitutionnel. 2 sols. Cuivre jaune et cuivre rouge. *Très-beaux.*

846 — LOVIS XVI. etc. 1792. Demi-écu au type constitutionnel de l'an 4. *Très-beau.*

847 — 30 sols et 15 sols. 1791 et 1792. 2 ps. *Belles.*

848 — LOVIS XVI ROI DES FRANCAIS. Buste à dr. 1791. ℞. POVR ESSAI. Séparé par un bâton sur lequel se trouve un bonnet de Liberté (Hénin, 31. 35.

849 **République française**. REPVBLIQVE etc. SIX. LIVRES de l'an VI. ℞. REGNE DE LA LOI, etc. 1790. Écu. *Très-beau,*

850 — METAL DE CLOCHE, dans le champ, DIXAIN. ℞. 1791. dans une couronne de laurier. Essai en métal de cloche.

851 — REPUBLIQVE FRANÇAISE. Table de la Charte, sur laquelle on lit : LES HOMMES SONT EGAUX DEVANT LA LOI. Au bas, L'AN II, etc. R. LIBERTE. EGALITE. etc. 1793. Très-bel essai en cuivre rouge. 2 sols au même type. *Beau.*

852 — REPUBLIQVE FRANÇAISE. Buste de la République à g.; au bas, Dupré. R. UN DECIME L'AN 5. A. etc. dans une couronne de laurier. Essai en cuivre jaune. *Très-beau.*

853 — R. DECIME. L'AN 4. — CINQ CENTIMES L'AN 5. 7. 4 ps. *Très-belles.*

854 — REPUBLIQVE FRANÇAISE. Tête de la République à g. R. 25 CENTIMES L'AN 3. *Très-belle.*

855 — REPUBLIQVE FRANÇAISE. Une massue et un faisceau enlacés d'un serpent. R. 10 CENTIMES L'AN 3. *Très-beau.*

856 — Pièce de 5 f. l'an 5, par Dupré. *Très-belle.*

857 — REPUBLIQVE, etc. Buste à g. R. 5 DECIMES, L'AN 8, etc. Pièce de 5. Essai en argent. *Très-beau.*

858 — LIBERTE L'AN CINQ. Tête de la République à g. R. COUPE ET. FRAPPE. EN. MEME. TEMPS. PAR. PR. GENGEMBRE. Essai de centime en argent. *Très-beau.*

859 **Napoléon,** pièce de 5 fr. 1812. frap. à Rome.

860 — Deux francs. 1807. 1813. 1815. 3 ps. *Très-belles.*

861 — Un franc. 1808, 1813. — Années XI, 12, 13. 5 ps. *Très-belles.*

862 — Cinquante centimes et vingt-cinq centimes de différentes dates. 16 ps. *Très-belles, dont plusieurs dites à la tête de nègre.*

863 — NAPOLEONE IMP. etc. 1807. M. (Milan). R. REGNO, etc. 2 LIRE. — 1 LIRA. 1808. 11, 12, 14. 5 ps. *Très-belles.*

864 — Même légende, etc. 15 et 5 SOLDI. 2 ps. *Très-belles.*

865 — Visite du premier consul à l'Hôtel des monnaies, le 21 ventôse AN XI. Module de la pièce de 5 fr. Essai par Tiolier.

866 — Bonaparte, premier consul : essai de Gengembre l'an X. en argent. — Essai du même; module de la pièce de 25 centimes L'AN XII. 2 ps. *Très-belles.*

867 **Famille de Napoléon. Joseph Napoléon,** roi d'Espagne. 4 réaux, 1 réal. 1810. 1812. 2 ps. *Belles.*

868 **Louis Napoléon,** roi de Hollande. LOD. NAP. KON. VAN.
HOLL.. Buste lauré à dr. R. KOENIG BELJK. HOLLAND. Écusson
1 GN 1809. Essai en argent du florin. *Très-beau.*

869 — Même type et même légende. 1808. Essai en bronze.
*Beau.*

870 — Même type et même légende. 1809. Essai en argent de
la pièce de 10 stuber. *Très-beau.*

871 **Jérôme Napoléon,** roi de Westphalie. Pièce de 5 f. en
or. 1813. — 3 stuber. 1806. — P. 20 centimes en billon.
3 ps. *Belles.*

872 — HN entrelacés. R. KOENIG. V. WESTPHALEN. FR. PR. 1809.
5, 3, 2 et 1 centime. Quatre très-beaux essais par Tiolier.

873 **Napoléon-Murat,** roi des Deux-Siciles. 2 lire, 1 lira.
5 centesimi. 3. grana. 1813. 10 ps. *Belles.*

874 **Alexandre-Berthier,** prince de Neufchatel. 1. et 1/2.
batz. *Très-beaux.*

875 **Marie-Louise :** 2 lire ; 5 soldi. 3 ps. *Belles.*

876 **Félix et Élisa.** 1 franc. 5 soldi, 5 et 3 centesimi. 4 ps.
*Belles.*

877 **République cisalpine.** ALLA. NAZ. FRAN., etc. La Ci-
salpine debout devant la France assise. R. SCVDO. DI. LIRE.
SEI. 27. PRATILE ANNO VIII, dans une couronne de laurier.
Magnifique essai gravé par Salvireh.

878 **République italienne.** REPUBLICA ITALIANA. Dans le
champ, Balance, etc. 1804. III. R. SOLDO. dans une couronne de laurier ; au bas DENARI. 10 M. (Milan). — Même
type. 1/2 SOLDO., DENARI. 5. — 1/100. DENARI. 2. (Millingen
PL. XVI. 432, 433, 434).

879 **République de Genève.** REPVBLIQVE GENEVOISE. Tête
tourellée de la Liberté à g ; au bas. EGALITE. etc. R. APRES
LES. TENEBRES LA LVMIERE. Dans le champ. PRIX DU TRAVAIL.
L'AN III DE L'EGALITE. 1794. Écu. *Très-beau.*

880 — EGALITE. LIBERTE. INDEPENDANCE. Dans le champ, en quatre lignes, DECIME. L'OISIVETE EST UN VOL, entouré de trois
abeilles, 1794. R APRES LES. TENEBRES. LA LVMIERE. Dans le
champ, un aigle sur une clé dans une couronne de laurier ;
au bas, W. Essai en argent en triple épaisseur de la pièce
ordinaire. *Très-beau.*

881 — EGALITE, etc. dans le champ. 15 sols. au milieu d'un soleil.
℞. POST TENEBRAS LUX. Aigle, etc. 1794. AR. — SIX SOLS.
1797. 2 ps. *Belles.*

882 **Louis XVIII**. 2 francs. 1822. 1 franc 1824 (Michaut).
2 ps. *Très-belles.*

883 **Charles X**. 1 franc. 1828. 1830. — 50 cent. 1827. —
10 et 5 cent. de Tiolier. 5 p. *Très-belles.*

884 **Le duc de Bordeaux**. 1 franc. 1832. — 50 cent.
1833. — 1 cent. 29 septembre 1833. 3 ps. *Très-belles.*

885 **Louis-Philippe**. 10, 5, 2 et 1 centime de la série dite à
la Charte. 5 ps. *Très-belles.*

886 — Refonte des monnaies de cuivre 1 décime, 5, 2 et 1 cent.
Guyane française, 10 cent. 5 ps. *Très-belles.*

887 **République 1848**. REPUBLIQVE FRANCAISE. Tête de la
République à g.; au bas, ROGAT. ℞. LIBERTE. EGALITE. FRA-
TERNITE.; 20 FRANCS. 1848. dans une couronne de laurier.
Essai en or du concours. *Très-beau.*

888 — 10 francs. 1851. (Merley). Pièce frappée avec soin.

889 — Louis Napoléon, président. 5 fr. 1852. avec J. Barre.
— Deux pièces de 5 f. (Barre). Frappées avec soin.

890 LOUIS NAPOLEON BONAPARTE, 1852. Tête à g. ℞. REPUBLIQVE
FRANCAISE. DIX CENTIMES. Dans le champ, aigle impériale.
Très-bel essai de bronze.

MONNAIES DES SEIGNEURS FRANÇAIS.

891 **Anduse**. DE. ANDVSIA, dans le champ. B. ℞. DE. SALVE.
Croix coupant la légende. *Beau.*

892 **Aquitaine** (Édouard). ED. POGNS. REG., etc. Le prince
sous un pavillon. ℞. DNS. AIVTO., etc. Croix. (Duby, XXXVI.
13). Pavillon d'or. *Beau.*

893 **Auxerre**. AVTSIOCERCI. Croix. ℞. Sans légende. *Très-
beau.*

894 **Béarn** (Henri d'Albret). (Duby, sup. IV. 45.) Blanc.
*Beau.*

895 **Besançon** (Hugues). STEPHANVS. Main bénissant. ℞. VI-
SONTIVM. Croix dans les cantons. HVGO.

896 **Bourges** (Lothaire). LOTERIVS. REX. Croix. ℞. BITVRIGES.
CIVITAS. Temple.

897 **Bourgogne** (Philippe-le-Hardi). PHS. DEI. GRA. DVX. ET,
COMES BVRGONDIE. Cavalier armé ; au bas, BVRG. ℞. SIT, etc.
Les armes de Bourgogne. (Duby, LIII. 8.) Or. *Très-belle.*

898 --- PHS., etc. Armes de Bourgogne. ℞. SIT, etc. Croix.
(Duby, L. 10.) Blanc. *Beau.*

899 — (Philippe-le-Bon). PHS. DEI. GRA. DVX. BVRG. COMES DES.
FLAND. Le duc debout dans un vaisseau, tenant d'une main
une épée et de l'autre l'écusson de Bourgogne. ℞. IHC, etc.
Croix ; noble d'or. *Très-beau.*

900 **Châteauroux** (Eudes l'ancien). ⸬ ODO ┆ DVX. Croix.
℞. DOLIO. CIVES, dans le champ, monog. *Très-beau.*

901 — + ODO. + DVX. Croix. ℞. DOLEO. CIVES, dans le champ,
N E. *Très-beau.*

902 — + ODO. DVX. Croix. ℞. DOLEO. CIVES, dans le champ ;
étoile en seize points. *Très-beau.*

903 **Clermont.** SCE. MARIA Croix. ℞. MONETA. Croix. *Beau.*

904 **Dombes** (Marie). AN. MA. LOV. PRINC. SOVV. DE DOM. Buste
à dr. ℞. DOMINVS. ADIV. ET. REDMT. MEVS. 1659. Écusson de
France. — 1665, accostant l'écusson. 12 sols. en argent.
2 ps.

905 **Hainaut** (Jacqueline). DVCISSA IAQ DI. GR. COL. HANONIE.
HOL. Lion dans un enclos, tenant l'écu écartelé de Bavière
et de Hainaut. (Chalon. P. XIX. 143.) Blanc.

906 — (Jean IV). Frap. à Valenciennes. (Chalon, P. XX. 148.)
Billon.

907 **Lorraine** (Antoine). ANTHON. LOT., etc. Buste à g.
℞. Écusson couronné accosté d'une croix de Jérusalem,
1518. Demi-teston. *Très-beau.*

908 — ANTHON. D. G., etc. Écusson. ℞. MONETA. NOVA., etc. Un
bras tenant une épée. Blanc. *Beau.*

909 **Lyon** (Guillaume, comte). VVILELMVS. Dans le champ,
COMES en croix. ℞. LVCDVNI. CIVIS. Croix. *Très-beau.*

910 **Lyon** (Évêques). PRIMA SEDES, dans le champ, LVG. ℞. GAL-
LIARV. Croix. *Très-beau.*

911 — + PRIMA SEDES. Croix accostée d'une étoile et d'un
croissant. ℞. GALLIARVM. Croix cantonnée d'une étoile et
d'un croissant. *Très-beau.*

912 — PRIMA SEDES. Croix accostée d'un croissant. ℞. GALLIARVM.
Croix accostée d'une étoile. Denier et obole.

913 — PRIMA SEDES. Croix accostée d'une étoile et d'un croissant.
R̶. GALLIARVM. Grande croix traversant la légende. Dans les
cantonnements de la croix, deux étoiles et deux croissants.
Blanc.

914 **Metz** ( Évêque ). S. STEPHAN PROTRO. Le saint debout tenant
une palme. R̶. CROSSVS. METE., etc. Gros d'argent.

915 **Marseille.** ✝ COMES PVINCIE. Tête à g. R̶. CIVITAS. MASSIL.
Édifice. Beau denier d'or.

916 **Provence** (Charles d'Anjou). KAROL. ER. ET. SICIL'. REX.
Écu de France et de Sicile. R̶. Dans le champ, l'Annoncia-
tion. Gros d'argent. *Beau.*

917 — Charles II d'Anjou. KAROL'. S. C. D., etc. Même type que
le précédent. Gros. *Beau.*

918 — Robert. ROBERTVS, etc. Le roi assis entre deux lions, etc.
Gros. *Beau.*

919 — Jeanne. IOHAN. PR., etc. Couronne, etc. R̶. COMITIS
PVICE E FORCAL. Les armes de Sicile et de Provence. Cou-
ronnat. *Beau.*

920 — Alphonse d'Aragon. ALFONSVS D. G., etc. Les armes de
Sicile et d'Aragon. R̶. Le roi assis entre deux lions, etc.
Gros d'argent.

921 **Puy** (Le). ✝ PODIENSIS. Croix à six feuilles. R̶. BEATE.
MARIE. Croix. *Très-beau.*

922 **Roussillon** (Alphonse d'Aragon, comte) ALFONS. DI. GRA.
REX. ARAGO. Buste couronné. R̶. COMES BARKNONA. ROCIL.
Croix cantonnée de besants et de larges annelets. Gros.

923 **Sens.** SEECOEMIS. Croix. R̶. RIEDVNIS CATO. Peigne, etc.
Obole. *Très-belle.*

924 — SEEI. OISCIVI. Croix cantonnée d'un E et de trois points.
R̶. R L 'DVI...S. CATA. Peigne, etc.

925 **Valence et Die** (Jean, évêque). ✝ VALENTIN. ET DIEN,
dans le champ ; Aigle dans un cercle de grènetis. R̶. ✝
IOHANNES. EPIS. COP'. Croix cantonnée d'une étoile et d'un
annelet. Gros. *Très-beau.*

926 **Vienne** (Henri). VRBS. VIENNA. Dans le champ, E II, en
monog. R̶. ✝ S. MAVRICVS. Croix. Denier. *Beau.*

926 bis — Baronnales toutes variées Gros, deniers et oboles.
65 ps.

### MONNAIES DE SIÉGE ET DE NÉCESSITÉ.

927 **Anvers**. ANVERS, 1814. N, dans une couronne de laurier, etc. 10 et 5 cent. 2 ps.

928 — ANVERS. Deux L enlacés, 1814. ℞. MONNAIE OBSIDIONALE, dans le champ. 10 CENT. Pièce d'essai, etc., 10 centimes, en cuivre rouge.

929 **Cassale**. FLORES. CAM INSTARN. HORVM. Écusson de France accosté de F XX; au bas, CASSALE. ℞. La Justice et la Force, etc. (Duby, XII. 1.) Bronze. *Très-belle.*

930 **Lille**. Les armes du maréchal de Boufflers. 20 sols. 10 sols. 1708. Cuivre. 2 ps.

931 **Palma**. NAPOLEONE. IMP., etc. CENT. 50. ℞. MON'TA. D'ASSC PALMA. Couronne de fer. 1814. Bronze. *Belle.*

932 **Tournay**. M. DE. SVRVILLE. Buste lauré, etc. AR. 20 SOLS.

933 **Zamosc**. Pièce en argent de 1813.

### MONNAIES ÉTRANGÈRES.

934 **Venise**. Cinq lire, 1848. Indépendance d'Italie. 2 ps. variées.

935 — 15 centesimi, en arg. — 5, 3 et 1 cent., en bronze. 4 ps.

936 **Rome**. 40 baiocchi. — 8, 4 et 3. Baiocchi, en bronze.

937 — REPVBLICA. ROMAA. Faisceau surmonté d'un bonnet de Liberté. ℞. I BAIOCCO. 1849. A. (Ancône.)

938 **Francfort**. ERZHERZOG IOHAN. VON. OESTERREICH. REICH. VER WESER. V. DEVTSCH. LAND., etc. 1848. Pièce de 2 florins, AR. *Très-belle.*

939 — GRVNDVNG EINES DEVTSCHEN PARLAMENTS, etc. 31 mars 1848. 2 florins. AR.

940 **Hongrie**. 20 et 10 kx., en argent frap. en 1848 et 1849, sous Kossuth. *Beaux.*

941 — 3 et 1 kx. du même. 2 ps. *Belles.*

942 Sous ce numéro seront vendus, au commencement de chaque vacation, plusieurs lots de monnaies non cataloguées

### LIVRES DE NUMISMATIQUE.

943 **Cohen** (Henri). Description générale des monnaies de la République romaine, communément appelées médailles consulaires. Paris, 1857, in-4.

944 **Floret** (Henri). Traité sur les médailles d'Espagne avec planches. Madrid, 1757. 2 vol. in-4.

945 **Gaillard**. Description des monnaies des comtes de Hainaut, avec planches. Gand, 1852, 1 vol. in-4.

946 **Lenormand** (François). Description des médailles et antiquités composant le cabinet de M. le baron Behr, ancien ministre de Belgique à Constantinople. Paris, 1857, in-8, 3 planches.

947 **Poey d'Avant**. Catalogue des médailles composant le cabinet de feu M. Norblin (avec les prix marqués de la vente publique). Fontenay-le-Comte, 1855.

948. **Sauley** (F. de). Description sur les monnaies autonomes d'Espagne. Metz, 1840, 1 vol. in-8.

949 **Souvenirs numismatiques** des croisades avec pl. Paris, 1847, 1 vol. in-4.

950 **Witte** (J. de). Description des médailles et antiquités du cabinet de M. l'abbé H. G. Paris, 1856. 3 pl. 1 vol. in-8.

RENOU et MAULDE, imprimeurs de la Compagnie des Commissaires-Priseurs, rue de Rivoli, 144.     5656

RENOU ET MAULDE,
Impr. de la Cⁱᵉ des Commissaires-Priseurs,
rue de Rivoli, 144.